MEDITAÇÕES

MARCO AURÉLIO

PÉ da letra

MEDITAÇÕES

MARCO AURÉLIO

Tradução
Erika Patrícia Moreira e João Pedro Nodari

Revisão
Ana Carolina Morais

PÉ da letra

Dados Internacionais de Catalogação na Publicação (CIP)
Angélica Ilacqua CRB-8/7057

Marco Aurélio, Imperador de Roma, 121-180

Meditações / Marco Aurélio ; tradução de Erika Patrícia Moreira, João Pedro Nodari ; revisão de Ana Carolina Morais. -- Barueri, SP : Pé da Letra, 2022.
128 p. : il., color. 16 cm x 23 cm.

ISBN 978-65-5888-490-3
Título original: Meditations

1. Filosofia antiga 2. Estóicos I. Título II. Moreira, Erika Patrícia III. Nodari, João Pedro IV. Morais, Ana Carolina

22-0748
22-0748 CDD 188

Índices para catálogo sistemático:
1. Filosofia antiga

Diretor
James Misse

Coordenação Editorial
James Misse

Direção de Arte
Luciano F. Marcon

Diagramação
Luciano F. Marcon

Tradução
Erika Patrícia Moreira
João Pedro Nodari

Revisão
Ana Carolina Morais

Imagem capa
iStock/Photo Beto

Contato
atendimento@editorapedaletra.com.br

1ª edição em 2022
www.editorapedaletra.com.br

SUMÁRIO

LIVRO I 7
LIVRO II 14
LIVRO III 20
LIVRO IV 27
LIVRO V 39
LIVRO VI 50
LIVRO VII 62
LIVRO VIII 74
LIVRO IX 86
LIVRO X 97
LIVRO XI 109
LIVRO XII 120
SOBRE O AUTOR 127

LIVRO I

Com meu avô, Verus, aprendi a boa moral e como controlar meu temperamento.

Pela lembrança de meu pai, pudor e caráter viril.

De minha mãe, piedade e beneficência, e abstinência, não apenas de más ações, mas até de maus pensamentos; e, além disso, simplicidade na minha maneira de viver, longe dos hábitos dos ricos.

Do meu bisavô, aprendi a ter bons professores em casa, e a saber que com essas coisas se deve gastar liberalmente.

Do meu governador, não ser nem do verde nem do azul nos jogos do Circo, nem do Partizan nem do Parmularius nem do Scutarius nas lutas de gladiadores; com ele também aprendi a resistir no trabalho, a querer pouco e a trabalhar com minhas próprias mãos, não me intrometer nos assuntos de outras pessoas e não me aprontar para ouvir calúnias.

De Diogneto, não me ocupar com coisas insignificantes e não dar crédito ao que era dito por milagristas e malabaristas sobre encantamentos e expulsão de demônios e coisas assim; não criar codornizes para lutar, nem me entregar apaixonadamente a essas coisas; a suportar a liberdade de expressão; a me tornar íntimo da filosofia; ter sido um ouvinte, primeiro de Bacchius, depois de Tandasis e Marcianus; ter escrito diálogos na minha juventude; ter desejado uma cama de pranchas e pele, e tudo mais que pertence à disciplina grega.

De Rusticus, recebi o ensinamento de que meu caráter exigia aprimoramento e disciplina; com ele aprendi a não ser desviado para a emulação sofística, nem a escrever sobre assuntos especulativos, nem a fazer pequenas orações exortativas, nem a me mostrar como um homem muito disciplinado, ou benevolente, no intuito de me exibir; abster-se de retórica, poesia e boa escrita; não andar em casa com meu traje de passeio, nem fazer outras coisas do gênero; escrever minhas cartas com simplicidade, como a carta que Rusticus escreveu de Sinuessa para minha mãe; com respeito àqueles que me ofenderam com palavras, ou me fizeram mal, que esteja facilmente disposto a reconciliação, tão logo se mostrem dispostos a se reconciliar; ler cuidadosamente, e não se contentar com uma compreensão superficial de um livro; nem apressadamente dar meu consentimento àqueles que falam demais; estou em dívida com ele por estar familiarizado com os discursos de Epicteto, que ele me emprestou de sua própria coleção.

Com Apolônio, aprendi a liberdade da vontade e a constante firmeza do propósito; não olhar para nada mais, nem mesmo por um momento, exceto para a razão; ser sempre o mesmo, nas dores agudas, na ocasião da perda de um filho e na longa doença; ver claramente em um exemplo vivo que o mesmo homem pode ser mais resoluto e submisso, e não irritado em dar suas instruções; ter tido diante de meus olhos um homem que claramente considerou sua experiência e habilidade em expor princípios filosóficos como o menor de seus méritos; com ele aprendi a receber de amigos os favores estimados, sem me sentir humilhado por isso e nem os deixar passarem despercebidos.

De Sexto, uma disposição benevolente e o exemplo de uma família governada de maneira paternal e a ideia de viver em conformidade com a natureza; gravidade sem afetação, e cuidar cuidadosamente dos interesses dos amigos, e tolerar pessoas ignorantes, e aqueles que formam opiniões sem consideração — ele tinha o poder de se acomodar prontamente a todos, de modo que a relação com ele era mais agradável do que qualquer lisonja; ao mesmo tempo era altamente venerado por aqueles que se associavam a ele. Tinha a faculdade de descobrir e ordenar, de uma forma inteligente e metódica, os princípios necessários para a vida; nunca mostrava raiva ou qualquer outra paixão... estava inteiramente livre das paixões. Ele podia expressar aprovação sem exibições barulhentas e possuía muito conhecimento sem ostentação.

De Alexandre, o gramático, a abster-se de encontrar defeitos, e não de forma reprovadora repreender aqueles que proferiram qualquer expressão bárbara, solecística ou estranha; mas habilmente introduzir a própria expressão que deveria ter sido usada, e na forma de responder ou dar confirmação, ou juntar-se a uma indagação sobre a coisa em si, ou por alguma outra sugestão apropriada.

Com Fronto, aprendi a observar o que há de inveja, duplicidade e hipocrisia em um tirano, e que geralmente aqueles entre nós que são chamados de Patrícios são bastante deficientes no afeto paterno.

De Alexandre, o platônico, não com frequência nem sem necessidade de dizer a alguém, ou de escrever em uma carta que não tenho lazer; nem sempre desculpar a negligência dos deveres exigidos por nossa relação com aqueles com quem vivemos, alegando ocupações urgentes.

De Catulus, a não ser indiferente quando um amigo critica, mesmo que ele não tenha razão, mas a tentar restaurá-lo à sua disposição usual; estar pronto para falar bem dos professores, como é relatado de Domício e Atenódoto; a amar meus filhos verdadeiramente.

De meu irmão Severus, a amar meus familiares, a verdade, e a justiça; através dele aprendi a conhecer Thrasea, Helvidius, Cato, Dion, Brutus; dele recebi a ideia de um regime no qual existe a mesma lei para todos, um regime administrado com relação a direitos iguais e liberdade igual de expressão, e a ideia de um governo real que respeita acima de tudo a liberdade do governado. Aprendi com ele também consistência e firmeza inabalável em meu respeito pela filosofia; uma disposição para fazer o bem e doar aos outros prontamente, nutrir boas esperanças e acreditar que sou amado por meus amigos; nele não observei ocultação de suas opiniões a respeito daqueles a quem condenou, e percebi que seus amigos não tinham necessidade de conjeturar o que ele desejava ou não desejava, pois sempre era bastante claro.

Aprendi com Maximus o autogoverno e a não ser deixado de lado por nada; ter alegria em todas as circunstâncias, bem como na doença; uma mistura justa no caráter moral de doçura e dignidade, e fazer o que foi proposto a mim sem reclamar. Observei que todos acreditavam que ele pensava enquanto falava e que, em tudo o que ele fazia, nunca tinha más intenções; ele nunca mostrava espanto e surpresa, nunca estava com pressa, nunca adiou fazer nada, nem ficou perplexo nem abatido, nem nunca riu para disfarçar sua irritação, nem, por outro lado, apaixonava-se. Ele estava acostumado a praticar atos de beneficência, estava pronto para perdoar e estava livre de toda falsidade; apresentava a aparência de um homem que não podia ser desviado do direito, em vez de um homem que havia sido aperfeiçoado. Observei, também, que nenhum homem jamais poderia pensar que era desprezado por Máximo, ou se aventurar a se considerar um homem melhor. Ele também tinha a arte de ser engraçado de uma maneira agradável.

Em meu pai, observei brandura de temperamento e resolução imutável nas coisas que ele havia determinado após a devida deliberação; nenhuma vanglória nas coisas que os homens chamam de honras; amor ao trabalho e perseverança; uma prontidão para ouvir aqueles que tinham algo a propor para o bem comum; e a firmeza inabalável em dar a cada homem de acordo com seus méritos; tinha um conhecimento derivado da experiência das ocasiões para ação vigorosa e para remissão. Ele se considerava não mais do que qualquer outro cidadão; eximiu seus amigos de toda obrigação de cear com ele ou de atendê-lo quando fosse para o exterior, e aqueles que o haviam deixado de acompanhá-lo, em razão de alguma urgência, sempre o consideravam o mesmo. Observei também seu hábito de inquirir cuidadosamente em todas as questões de deliberação, e sua persistência, e que ele nunca interrompeu uma investigação por ficar satisfeito com as aparências que primeiro se apresentam; que sua disposição era manter seus amigos, e não se cansar deles logo, nem ser extravagante em sua afeição; estar satisfeito em todas as ocasiões, e alegre; prever coisas, e prover os menores detalhes sem exibição; a verificar imediatamente os aplausos populares e todas as lisonjas; estar sempre vigilante sobre as coisas que eram necessárias para a administração do império, e ser um bom administrador das despesas, e pacientemente suportar a culpa que recebesse por tal conduta; ele não era nem supersticioso com respeito aos deuses, nem cortejava os homens com presentes ou tentando agradá-los, ou bajulando a população; mas mostrava sobriedade e firmeza em todas as coisas, e nunca qualquer pensamento ou ação mesquinha, nem amor pela novidade. E as coisas que de alguma forma conduzem à mercadoria da vida, e das quais a fortuna fornece um suprimento abundante, ele usava sem arrogância e sem desculpar--se; de forma que quando as tinha, ele as desfrutava sem afetação, e quando ele não as tinha, ele não as desejava. Ninguém jamais poderia dizer dele que era um sofista, um escravo petulante ou pedante caseiro; mas todos o reconheciam como um homem maduro, perfeito, acima da lisonja, capaz de administrar seus próprios negócios e os de outros homens. Além disso, ele honrou aqueles que eram verdadeiros filósofos e não censurou aqueles que se fingiam de filósofos, nem mesmo foi facilmente guiado por eles. Ele também conversava com facilidade e se tornava agradável, sem qualquer afetação ofensiva. Ele cuidava razoavelmente da saúde do seu corpo, não como alguém muito apegado à vida, nem por consideração à aparência pessoal, nem ainda de uma forma descuidada, mas para que, através de sua própria atenção, muito raramente tivesse necessidade da arte da medicina ou aplicações externas. Ele estava mais disposto a ceder sem inveja àqueles que possuíam alguma faculdade particular, como a de eloquência ou conhecimento da lei ou da moral, ou de qualquer outra coisa; deu-lhes sua ajuda, para que cada um pudesse gozar de reputação de acordo com seus méritos; ele sempre agiu em conformidade com as instituições de seu país, sem demonstrar qualquer afetação em fazê-lo. Além disso, ele não gostava de mudanças nem era instável, mas gostava de ficar nos mesmos lugares e ocupar-se nas mesmas coisas; depois de seus paroxismos de dor de cabeça, ele voltou imediatamente renovado e vigoroso às suas ocupações habituais. Seus segredos não eram senão poucos e muito raros, e estes apenas sobre assuntos públicos; ele mostrava prudência e economia na exibição de espetáculos públicos e na construção de edifícios públicos, suas doações ao povo, e em tais coisas, pois ele olhava para o que deveria ser feito, não para a reputação que é obtida pelos atos de um homem. Ele não tomava banho fora de hora e não gostava de construir casas, nem tinha curiosidade sobre o que comia, nem sobre a textura e cor de suas roupas, nem sobre a beleza de seus escravos. Seu vestido vinha de Lorium, sua villa na costa e, em geral, de Lanuvium. Sabemos como ele se comportou com o cobrador de Tusculum, que pediu seu perdão; tal era todo o seu comportamento. Nada havia nele de áspero, nem de implacável, nem de violento; mas ele examinava todas as coisas separadamente, como se tivesse abundância de tempo, e sem confusão, de forma ordenada, vigorosa e consistente. E isso pode ser aplicado àquele que está registrado de Sócrates, que ele era capaz de se abster e de desfrutar daquelas coisas das quais muitos são fracos demais para se abster e não podem desfrutar sem excessos. Mas ser forte o bastante para suportar um e ser sóbrio no outro é a marca de um homem que tem uma alma perfeita e invencível, como ele mostrou na doença de Maximus.

Aos deuses devo muito por ter bons avós, bons pais, uma boa irmã, bons professores, bons companheiros, bons parentes e amigos, quase tudo de bom. Além disso, devo aos deuses que não fui precipitado em qualquer ofensa contra nenhum deles, embora tivesse uma disposição que, caso a oportunidade tivesse se oferecido, poderia ter me levado a fazer algo desse tipo; mas, por meio de seu favor, nunca houve tal concorrência de circunstâncias que me levou a julgamento. Além disso, sou grato aos deuses por não ter sido mais criado com a concubina de meu avô e por ter preservado a flor da minha juventude e por não ter feito prova de minha virilidade antes da estação adequada, mas até adiei o tempo; que fui submetido a um governante e a um pai que foi capaz de tirar todo o orgulho de mim e fazer-me saber que é possível um homem viver em um palácio sem querer guardas, vestimentas bordadas ou tochas e estátuas, e semelhantes espetáculos; mas que está em poder de tal homem aproximar-se muito da moda popular, sem ser, por essa razão, nem mais mesquinho em pensamento, nem mais negligente em ação, com respeito às coisas que devem ser feitas para o interesse público de uma maneira que convém a um governante. Agradeço aos deuses por me terem dado tal irmão, que foi capaz, por seu caráter moral, de me despertar para a vigilância sobre mim e que, ao mesmo tempo, me agradou com seu respeito e carinho; que meus filhos não foram estúpidos nem deformados no corpo; que não adquiri mais proficiência em retórica, poesia e outros estudos, nos quais talvez devesse estar completamente engajado, se tivesse percebido que estava progredindo neles; que me apressei em colocar aqueles que me criaram na posição de honra, que pareciam desejar, sem adiá-los com esperança de que eu o fizesse algum tempo depois, porque então eram ainda jovens; que eu conheci Apolônio, Rústico, Maximus; que recebi impressões claras e frequentes sobre viver de acordo com a natureza, e que tipo de vida é essa, de modo que, na medida em que dependia dos deuses e de seus dons, ajuda e inspirações, nada me impedia de viver de acordo com a natureza, embora eu ainda fique aquém dela por minha própria culpa, e por não observar as admoestações dos deuses, e, quase posso dizer, suas instruções diretas; que meu corpo resistiu por tanto tempo em tal tipo de vida; que nunca toquei em Benedita nem em Teódoto, e que, depois de ter caído nas paixões amorosas, fui curado; e, embora muitas vezes não gostasse de Rusticus, nunca fiz nada de que tivesse oportunidade de me arrepender; que, embora fosse o destino de minha mãe morrer jovem, ela passou os últimos anos de sua vida comigo; que, sempre que desejava ajudar algum homem em sua necessidade, ou em qualquer outra ocasião, nunca me disseram que não tinha os meios para fazê-lo; que para mim a mesma necessidade nunca aconteceu, receber algo de outro; que tenho uma esposa tão obediente, tão afetuosa e tão simples; que eu tenho abundância de bons mestres para meus filhos; que os remédios me foram mostrados por sonhos, e por ser contra jorro de sangue e tontura...; que, quando tive inclinação para a filosofia, não caí nas mãos de nenhum sofista, e que não perdi meu tempo com escritores de histórias, ou na resolução de silogismos, ou me ocupei com a investigação das aparências, pois todas essas coisas requerem a ajuda dos deuses e da fortuna.

LIVRO II

Comece a manhã dizendo a si mesmo: Devo me encontrar com o intrometido, o ingrato, o arrogante, o enganador, o invejoso e o antissocial. Todas essas coisas acontecem a eles por causa de sua ignorância sobre o que é bom e o que é mau. Mas percebi que a natureza do bom que é bonito, e do mau que é feio, e a natureza daquele que faz o mal, é semelhante a minha, não apenas do mesmo sangue ou semente, mas que participam da mesma inteligência e da mesma porção da divindade. Não posso ser ferido por nenhum deles, pois ninguém pode fixar em mim o que é feio, nem posso ficar com raiva do meu próximo, nem odiá-lo, pois somos feitos para a cooperação, como pés, como mãos, como pálpebras, como as fileiras dos dentes superiores e inferiores. Agir uns contra os outros é contrário à natureza; é agir contra o outro ser contrariado e se afastar.

Seja o que for que eu sou, é um pouco de carne e respiração, e a parte dominante. Jogue fora seus livros; não se distraia mais: não é permitido; mas, como se agora estivesses morrendo, despreza a carne; é sangue e ossos e uma rede — uma contextura de nervos, veias e artérias. Veja também a respiração, que tipo de coisa ela é: ar, e nem sempre o mesmo, mas a cada momento enviado e novamente sugado. A terceira, então, é a parte dominante. Considere o seguinte: tu és um homem velho; não deixe que ele seja mais um escravo, não seja mais puxado pelas cordas como uma marionete para movimentos antissociais, não fique mais insatisfeito com a tua sorte atual, ou recue diante o futuro.

Tudo o que vem dos deuses está cheio de Providência. O que vem da fortuna não está separado da natureza nem sem entrelaçamento e involução com as coisas que a Providência ordena. Dali todas as coisas fluem; há além da necessidade, e aquilo que é para a vantagem de todo o universo, do qual tu fazes parte. Mas isso é bom para todas as partes da natureza que a natureza do todo traz, e o que serve para manter essa natureza. Agora o universo é preservado, tanto pelas mudanças dos elementos quanto pelas mudanças das coisas compostas dos elementos.

Que esses princípios sejam suficientes para ti, que sejam sempre opiniões fixas. Mas rejeita a sede de livros, para que não morras murmurando, mas com alegria, sinceridade e de coração grato aos deuses.

Lembre-se de há quanto tempo adiava essas coisas e de quantas vezes recebia uma oportunidade dos deuses, mas não a usava. Tu deves agora finalmente perceber de que universo tu és uma parte, e de que administrador do universo tua existência é um efluxo, e que um limite de tempo é fixado para ti, o qual se tu não usares para limpar as nuvens de tua mente, será perdido em vão.

A cada momento pense firmemente como um romano para fazer o que tens em mãos com dignidade perfeita e simples, e sentimento de afeição, liberdade e justiça; para te aliviar de todos os outros pensamentos. E tu te darás alívio, se tu fizeres cada ato de tua vida como se fosse o último, deixando de lado todo descuido e aversão apaixonada dos comandos da razão, e toda hipocrisia e amor próprio e descontentamento com a parte que foi dada a ti. Vês quão poucas são as coisas, as quais se um homem se apoderar, ele é capaz de viver uma vida que flui em silêncio e é como a existência dos deuses; pois os deuses, por sua vez, nada mais exigirão daquele que observa essas coisas.

Faça mal a si mesma, faça mal a si mesma, minha alma; mas não terás mais a oportunidade de honrar a si mesma. A vida de cada homem é suficiente. Mas a tua está quase terminada, embora tua alma não se reverencie, mas coloque tua felicidade nas almas dos outros.

As coisas externas que caem sobre ti te distraem? Dê a si mesmo tempo para aprender algo novo e bom e pare de se preocupar. Mas então também deves evitar ser carregado para o outro lado. Pois aqueles também são levianos que se cansaram da vida por sua atividade e, no entanto, não têm nenhum objeto para o qual dirigir todos os movimentos e, em uma palavra, todos os seus pensamentos.

Por não observar o que está na mente de outra pessoa, raramente se vê um homem infeliz; mas aqueles que não observam os movimentos de suas próprias mentes devem necessariamente ser infelizes.

Isso tu deves sempre ter em mente, qual é a natureza do todo, e qual é a sua natureza, e como isso está relacionado àquela, e que tipo de parte é de que tipo de todo; que não há ninguém que te impeça de sempre fazer e dizer as coisas que estão de acordo com a natureza da qual fazes parte.

Teofrasto, em sua comparação de atos ruins — uma comparação que se faria de acordo com as noções comuns da humanidade —, diz, como um verdadeiro filósofo, que as ofensas que são cometidas por desejo são mais culpadas do que aquelas que são cometidas por raiva. Pois aquele que está excitado pela raiva parece afastar-se da razão com certa dor e contração inconsciente; mas aquele que ofende pelo desejo, sendo dominado pelo prazer, parece agir de uma maneira mais intemperante e mais feminina em suas ofensas. Com razão então, e de uma forma digna de filosofia, ele disse que a ofensa que é cometida com prazer é mais culpada do que aquela que é cometida com dor; e, no geral, uma é mais como uma pessoa que foi injustiçada pela primeira vez e, por meio da dor, é compelida a ficar com raiva; mas a outra é movida por seu próprio impulso de fazer o mal, sendo levada a fazer algo pelo desejo.

Visto que é possível que possas sair da vida neste exato momento, regule cada ato e pensamento de acordo. Afastar-se do meio dos homens, se houver deuses, não é algo a temer, pois os deuses não te envolverão no mal; mas se de fato eles não existem, ou se eles não se preocupam com os assuntos humanos, o que é para mim viver em um universo desprovido de deuses ou desprovido de Providência? Na verdade, eles existem e se importam com as coisas humanas, e colocaram todos os meios ao alcance do homem para capacitá-lo a não cair em males reais. E quanto ao resto, se houvesse algo de mal, eles teriam providenciado para isso também, que deveria estar totalmente nas mãos do homem não cair nisso. Agora, o que não torna o homem pior, como pode tornar a vida de um homem pior? Mas nem por ignorância, nem tendo o conhecimento, nem o poder de se proteger ou corrigir essas coisas, é possível que a natureza do universo as tenha negligenciado; nem é possível que tenha cometido um erro tão grande, seja por falta de poder ou falta de habilidade, que o bem e o mal ocorram indiscriminadamente ao bem e ao mal. Mas certamente a morte e a vida, a honra e a desonra, a dor e o prazer, todas essas coisas acontecem igualmente aos homens bons e aos maus, sendo coisas que não nos tornam nem melhores nem piores. Portanto, eles não são bons nem maus.

Com que rapidez todas as coisas desaparecem, no universo material os próprios corpos, mas com o tempo a lembrança deles; qual é a natureza de todas as coisas sensíveis, e particularmente aquelas que atraem com a isca do prazer ou aterrorizam pela dor, ou são divulgadas pela fama vaporosa; quão inúteis e desprezíveis e sórdidas e perecíveis e mortas elas são — tudo isso é parte da faculdade intelectual observar. Observar também quem são aqueles cujas opiniões e vozes dão fama; o que é a morte, e o fato de que, se um homem olhar para ela em si mesma e, pelo poder abstrativo da reflexão resolver em suas partes todas as coisas que nela se apresentam à imaginação, ele então a considerará nada mais do que uma operação da natureza; se alguém tem medo de uma operação da natureza, é uma criança. Isso, entretanto, não é apenas uma operação da natureza, mas também uma coisa que conduz aos propósitos da natureza. Observe também como o homem se aproxima da divindade, e por que parte dele, e quando essa parte do homem está mais disposta.

Nada é mais miserável do que um homem que atravessa tudo de uma rodada, e espreita as coisas debaixo da terra, como diz o poeta, e busca por conjecturas o que está na mente de seus vizinhos, sem perceber que é suficiente atender o demônio dentro dele, e reverenciá-lo sinceramente. E a reverência do demônio consiste em mantê-lo puro da paixão e da negligência e da insatisfação com o que vem dos deuses e dos homens. Pois as coisas dos deuses merecem veneração por sua excelência; as coisas dos homens devem ser caras para nós por causa do parentesco; às vezes até, de certa forma, eles movem nossa pena em razão da ignorância dos homens sobre o bem e o mal; este defeito não sendo menor do que aquele que nos priva do poder de distinguir o que é branco e preto.

Embora devas viver três mil anos, e tantas vezes dez mil anos, ainda assim lembre-se de que nenhum homem perde outra vida senão aquela que agora vive, nem vive outra que não aquela que agora perde. O mais longo e o mais curto são trazidos ao mesmo. Pois o presente é o mesmo para todos, embora o que perece não seja o mesmo; assim o que está perdido parece ser um mero momento. Pois um homem não pode perder o passado nem o futuro: Como alguém pode perder algo que não tem? Essas duas coisas, então, deves ter em mente; a primeira, que todas as coisas desde a eternidade são semelhantes e vêm ao redor em um círculo, e que não faz diferença se um homem verá as mesmas coisas durante cem anos ou duzentos, ou um tempo infinito; a segunda, que o fígado mais saudável e aquele que morrerá mais cedo perderão da mesma forma. O presente é a única coisa de que um homem pode ser privado, se for verdade que esta é a única coisa que ele possui, e um homem não pode perder nada se não o possuir.

Lembre-se de que tudo é opinião. Pois o que foi dito pelo cínico Monimus é manifesto; e manifesto também é o uso do que foi dito, se um homem recebe o que pode ser obtido disso, na medida em que seja verdade.

A alma do homem violenta a si mesma, em primeiro lugar, quando se torna um abcesso e, por assim dizer, um tumor no universo, tanto quanto pode. Pois ficar aborrecido com qualquer coisa que aconteça é uma separação de nós mesmos da natureza, em alguma parte da qual a natureza de todas as outras coisas está contida. Em seguida, a alma se agride quando se afasta de qualquer homem, ou mesmo se move em direção a ele com a intenção de ferir, como acontece com as almas daqueles que estão com raiva. Em terceiro lugar, a alma comete violência a si mesma quando é dominada pelo prazer ou pela dor. Em quarto lugar, quando desempenha um papel e faz ou diz qualquer coisa de maneira insincera e inverídica. Em quinto lugar, quando permite que qualquer ato ou movimento não tenha um objetivo, e faz qualquer coisa sem pensar e sem considerar o que é. Até mesmo as menores coisas devem ser feitas com referência a um fim; o objetivo dos animais racionais é seguir a razão e a lei da mais antiga cidade e sistema político.

Da vida humana, o tempo é um ponto, e a substância está em um fluxo, e a percepção embotada, e a composição de todo o corpo sujeita à putrefação, e a alma um turbilhão, e a fortuna difícil de adivinhar, e a fama uma coisa desprovida de julgamento. E, para dizer tudo em uma palavra, tudo que pertence ao corpo é um riacho, e o que pertence à alma é um sonho e vapor, e a vida é uma guerra, e a fama é o esquecimento.

O que é então que pode conduzir um homem? Uma coisa e apenas uma: filosofia. Mas isso consiste em manter o demônio dentro de um homem livre de violência e ileso, superior às dores e prazeres, nada fazer sem propósito, nem ainda falsamente e com hipocrisia, não sentindo a necessidade de outro homem fazer ou não fazer nada; além disso, aceitando tudo o que acontece, e tudo o que é atribuído, como vindo de lá, onde quer que seja, de onde ele próprio veio; e, finalmente, esperar a morte com uma mente alegre, como nada mais que uma dissolução dos elementos de que todo ser vivo é composto. Mas se não há dano aos próprios elementos em cada um continuamente mudando em outro, por que um homem deveria ter qualquer apreensão sobre a mudança e dissolução de todos os elementos? Pois é de acordo com a natureza, e nada que seja de acordo com a natureza é mau.

LIVRO III

Devemos considerar não apenas que nossa vida está diariamente se esvaindo e uma parte menor dela é deixada, mas outra coisa também deve ser levada em consideração, que se um homem deve viver mais, é bastante incerto se o entendimento ainda existirá. Continue o suficiente para a compreensão das coisas e retenha o poder de contemplação que se esforça para adquirir o conhecimento do divino e do humano. Pois se ele começar a envelhecer, a transpiração, a nutrição, a imaginação e o apetite, e tudo o mais que houver desse tipo, não falhará; mas o poder de fazer uso de nós mesmos, preencher a medida de nosso dever, separar claramente todas as aparências, considerar se um homem deve partir agora da vida, e tudo mais do tipo requer absolutamente uma razão disciplinada, tudo isso já é extinto. Devemos nos apressar, então, não apenas porque estamos diariamente mais perto da morte, mas também porque a concepção das coisas e a compreensão delas cessam primeiro.

Devemos observar também que mesmo as coisas que seguem as coisas que são produzidas de acordo com a natureza contêm algo agradável e atraente. Por exemplo, quando o pão é assado, algumas partes são partidas na superfície, e essas partes que assim se abrem, e têm uma certa forma contrária ao propósito da arte do padeiro, são lindas de uma maneira, e de uma maneira peculiar despertam o desejo para comer. E, novamente, os figos, quando estão bem maduros, ficam de boca aberta; nas azeitonas maduras a própria circunstância de estarem perto da podridão adiciona uma beleza peculiar à fruta. E as espigas de milho curvando-se, e as sobrancelhas de leão, e a espuma que flui da boca de javalis, e muitas outras coisas — embora estejam longe de serem belas, se um homem as examinar separadamente — ainda, porque elas são consequências das coisas que são formadas pela natureza, ajudam a adorná-las e agradam a mente; de modo que se um homem tivesse um sentimento e uma visão mais profunda com respeito às coisas que são produzidas no universo, dificilmente haverá um daqueles que se seguem por consequência que não lhe parecerá estar de uma maneira disposta ao prazer. E assim ele verá até mesmo as verdadeiras mandíbulas escancaradas das feras com não menos prazer do que aquelas que pintores e escultores mostram por imitação; em uma velha e em um velho ele poderá ver certa maturidade e formosura; a beleza atraente dos jovens, ele será capaz de ver com olhos castos; muitas dessas coisas se apresentarão, não agradando a todos, mas apenas àquele que se tornou verdadeiramente familiarizado com a natureza e suas obras.

Hipócrates, após curar-se de muitas doenças, adoeceu e morreu. Os Chaldaei predisseram a morte de muitos, e então o destino os pegou também. Alexandre, Pompeu e Caius César, depois de tantas vezes destruir completamente cidades inteiras, também finalmente deixaram a vida. Heráclito, depois de tantas especulações sobre a conflagração do universo, encheu-se de água internamente e morreu todo manchado de lama. E os piolhos destruíram Demócrito; outros piolhos mataram Sócrates. O que significa tudo isso? Tu embarcaste, fizeste a viagem, chegaste à costa; saia. Se de fato para outra vida, não há falta de deuses, nem mesmo lá. Mas se para um estado sem sensação, tu deixarás de ser sustentado por dores e prazeres, e de ser um escravo do vaso, que é tão inferior quanto aquele que o serve é superior: pois um é inteligência e divindade; o outro é terra e corrupção.

Não desperdice o resto de sua vida em pensamentos sobre os outros, quando não referes seus pensamentos a algum objeto de utilidade comum. Pois tu perdes a oportunidade de fazer outra coisa quando tens pensamentos como estes: o que tal pessoa está fazendo, e por que, e o que ela está dizendo, e no que ela está pensando, e o que ela está planejando, e tudo mais do tipo nos faz vagar longe da observação de nosso próprio poder governante. Devemos então verificar na série de nossos pensamentos tudo o que é sem propósito e inútil, mas acima de tudo o sentimento excessivamente curioso e o maligno; um homem deve usar-se para pensar somente naquelas coisas sobre as quais se alguém perguntar de repente:

O que tens agora em teus pensamentos? Com perfeita franqueza, podes responder imediatamente: Isto ou Aquilo; de modo que, pelas tuas palavras, deve ficar claro que tudo em ti é simples e benevolente, e tal como convém a um animal social, e que não se preocupa com pensamentos sobre prazer ou prazeres sensuais em tudo, nem tem qualquer rivalidade ou inveja e suspeita, ou qualquer outra coisa pela qual ficarias envergonhado se dissesse que o tinha em mente. Pois o homem que é tal e não demora para estar entre os melhores, é como um sacerdote e ministro dos deuses, usando também a divindade que está plantada dentro dele, o que torna o homem incontaminado de prazer, ileso de qualquer dor, intocado por qualquer insulto, não sentindo mal, um lutador na luta mais nobre, aquele que não pode ser dominado por nenhuma paixão, tingido profundamente com a justiça, aceitando com toda a sua alma tudo o que acontece e é atribuído a ele como sua porção; não com frequência, nem ainda sem grande necessidade e de interesse geral, imaginar o que o outro diz, ou faz, ou pensa. Pois é apenas o que pertence a si mesmo que ele faz de matéria para sua atividade; ele constantemente pensa naquilo que é atribuído a si mesmo da soma total das coisas, torna seus próprios atos justos e está persuadido de que sua própria porção é boa. Pois o lote que é designado a cada homem é levado junto com ele e o leva junto com ele. E ele lembra também que todo animal racional é seu parente, e que cuidar de todos os homens está de acordo com a natureza do homem; um homem deve apegar-se à opinião não de todos, mas apenas daqueles que confessadamente vivem de acordo com a natureza. Mas, quanto aos que não vivem assim, ele sempre tem em mente que tipo de homem eles são em casa e fora de casa, tanto de noite como de dia, e o que são, e com que homens vivem uma vida impura. Consequentemente, ele não valoriza em absoluto o elogio que vem de tais homens, uma vez que eles nem mesmo estão satisfeitos consigo mesmos.

Trabalhe não sem vontade, nem sem consideração pelo interesse comum, nem sem a devida consideração, nem com distração; nem deixe que os enfeites estudados despertem seus pensamentos, e não seja um homem de muitas palavras, ou ocupado com muitas coisas. E, além disso, que a divindade que está em ti seja a guardiã de um ser vivo, viril e de idade madura, e engajado em assuntos políticos, e um romano e um governante, que assumiu seu posto como um homem esperando pelo sinal que o chama da vida, e pronto para ir, não tendo necessidade de juramento nem de testemunho de qualquer homem. Seja alegre também e não busque ajuda externa nem a tranquilidade que os outros dão. Um homem então deve se manter em pé, não ser mantido em pé por outros.

Se encontrares na vida humana qualquer coisa melhor do que justiça, verdade, temperança, fortaleza e, em uma palavra, qualquer coisa melhor do que a autossatisfação da mente nas coisas que ela permite que faças de acordo com a razão correta e na condição que é atribuída a ti sem tua própria escolha; se, eu digo, tu vês algo melhor do que isto, volta-te para isso com toda a tua alma e desfruta daquilo que tu descobriste ser o melhor. Mas se nada parece ser melhor do que a divindade que está plantada em ti, que se submeteu a todos os teus apetites e examina cuidadosamente todas as impressões e, como Sócrates disse, se separou das persuasões dos sentidos e se submeteu aos deuses, e se preocupa com a humanidade; se achares tudo de menor valor do que isso, não dê lugar a nada mais, pois se uma vez divergires e te inclinares a isso, não serás mais capaz, sem distração, de dar preferência àquilo que é sua própria posse; pois não é certo que algo de qualquer outro tipo, como elogios de muitos, ou poder, ou gozo de prazer, entre em competição com aquilo que é racional e bom. Todas essas coisas, mesmo que pareçam se adaptar às coisas melhores em um pequeno grau, obtêm a superioridade de uma vez e nos levam embora. Mas tu, eu digo, simples e livremente escolha o melhor, e mantenha-o. O que é útil é melhor. Bem, então, se é útil para ti ser como um ser racional, mantenha-o; mas se for útil para ti ser como um animal, diga-o e mantenha o seu julgamento sem arrogância; apenas tome cuidado para que faças a investigação a partir de um método seguro.

Nunca avalie nada como proveitoso para ti mesmo que te obrigue a quebrar tua promessa, a perder o teu respeito próprio, a odiar qualquer homem, a suspeitar, a amaldiçoar, a agir como hipócrita, a desejar tudo o que precisa de paredes e cortinas; porque ele quem preferiu sobre todas as coisas a inteligência e o demônio e a adoração de sua excelência, não faz parte trágica, não geme, não vai precisar de solidão nem de muita companhia; e, o que é o principal de tudo, ele viverá sem perseguir ou fugir da morte; mas se por um tempo mais longo ou mais curto ter a alma encerrada no corpo, não se importa em absoluto, pois mesmo que ele deva partir imediatamente, irá tão prontamente como se fosse fazer qualquer outra coisa que possa ser feita com decência e ordem; cuidando disso apenas durante toda a vida, para que seus pensamentos não se afastem de nada que pertença a um animal inteligente e membro de uma comunidade.

Na mente de alguém que é castigado e purificado, tu não encontrarás matéria corrupta, nem impureza, nem qualquer ferida na pele. Tampouco sua vida fica incompleta quando o destino a domina, como se pode dizer de um ator que sai do palco antes de encerrar e terminar a peça. Além disso, nada há nele de servil, nem afetado, nem muito ligado a outras coisas, nem ainda separado de outras coisas, nada digno de culpa, nada que busque um esconderijo.

Reverencie a faculdade que produz opinião. Desta faculdade depende inteiramente se existirá em sua parte governante qualquer opinião inconsistente com a natureza e a constituição do animal racional. E essa faculdade promete liberdade de julgamento precipitado, amizade para com os homens e obediência aos deuses.

Jogando fora então todas as coisas, apegue-se apenas àquelas que são poucas; e, além disso, tenha em mente que todo homem vive apenas o tempo presente, que é um ponto indivisível, e que todo o resto de sua vida é passado ou é incerto. Curto então é o tempo que cada homem vive, e pequeno o recanto da terra onde vive; curta também a mais longa fama póstuma, e mesmo esta continuada apenas por uma sucessão de pobres seres humanos, que logo morrerão, e que nem mesmo se conhecem, muito menos aquele que morreu há muito tempo.

Às ajudas que foram mencionadas, deixe-se ainda acrescentar: faça para ti uma definição ou descrição da coisa que se apresenta a ti, de modo a ver distintamente que tipo de coisa é em sua substância, em sua nudez, em sua totalidade, e diga a si mesmo seu nome próprio, e os nomes das coisas de que são compostas e nas quais serão resolvidas. Pois nada é tão produtivo para a elevação da mente do que ser capaz de examinar metódica e verdadeiramente cada objeto que se apresenta a ti na vida, e sempre olhar para as coisas para ver ao mesmo tempo que tipo de universo é este, e que tipo de uso tudo nele faz, e que valor tudo tem em relação ao todo, e o que em relação ao homem, que é cidadão da cidade mais alta, da qual todas as outras cidades são como famílias; o que cada coisa é, e do que é composta, e por quanto tempo é a natureza dessa coisa suportar, o que agora me impressiona, e de que virtude eu preciso com respeito a ela, como gentileza, masculinidade, verdade, fidelidade, simplicidade, contentamento e o resto. Portanto, em cada ocasião um homem deve dizer: isso vem de Deus; isso é de acordo com a distribuição do fio do destino, e coincidência e acaso semelhantes; este é de um da mesma linhagem, e um parente e parceiro, alguém que não sabe, entretanto, o que é de acordo com sua natureza. Mas eu sei; por esta razão, eu me comportei para com ele de acordo com a lei natural da comunhão com benevolência e justiça. Ao mesmo tempo, porém, nas coisas indiferentes, tento averiguar o valor de cada uma.

Se tu trabalhares naquilo que está diante de ti, seguindo a razão correta com seriedade, vigor, calma, sem permitir que nada mais te distraia, mas mantendo tua parte divina pura, como se deves ser obrigado a devolvê-la imediatamente; se tu se apegares a isso, nada esperando, nada temendo, mas satisfeito com sua atividade presente de acordo com a natureza, e com a verdade heroica em cada palavra e som que proferir, viverás feliz. E não há homem que possa impedir isso.

Como os médicos sempre têm seus instrumentos e facas prontos para casos que repentinamente requerem sua habilidade, tu também tens princípios prontos para a compreensão das coisas divinas e humanas, e para fazer tudo, mesmo as menores coisas, com a lembrança do vínculo que une o divino e o humano um para o outro. Pois nem farás bem nada que diga respeito ao homem, sem ao mesmo tempo ter uma referência às coisas divinas; nem o contrário.

Não vagueie mais pelo perigo; pois nem lerás tuas próprias memórias, nem os atos dos antigos romanos e helenos, e as seleções de livros que reservaste para a tua velhice. Apressa-te então para o fim que tens diante de ti, e jogando fora as esperanças vãs, vem em teu próprio auxílio, se tu te importares de alguma forma, enquanto estiver em teu poder.

Eles não sabem quantas coisas são significadas pelas palavras roubar, semear, comprar, ficar quieto, ver o que deve ser feito; pois isso não é efetuado pelos olhos, mas por outro tipo de visão.

Corpo, alma, inteligência: ao corpo pertencem as sensações, à alma os apetites, à inteligência os princípios. Receber as impressões das formas por meio das aparências pertence até aos animais; ser puxado pelos fios do desejo pertence tanto às feras quanto aos homens que se tornaram mulheres, e a um Phalaris e um Nero; e ter a inteligência que guia para as coisas que parecem convenientes pertence também àqueles que não acreditam nos deuses, e que traem seu país, e praticam suas ações impuras quando fecham as portas. Se tudo o mais é comum a tudo o que mencionei, resta o que é peculiar ao homem bom, para ficar satisfeito e contente com o que acontece e com o fio que é fiado para ele; não para contaminar a divindade que está plantada em seu peito, nem perturbá-la por uma multidão de imagens, mas para mantê-la tranquila, seguindo-a obedientemente como um deus, sem dizer nada contrário à verdade, nem fazer nada contrário à justiça. E se todos os homens se recusam a acreditar que ele leva uma vida simples, modesta e contente, ele não fica zangado com nenhum deles, nem se desvia do caminho que leva ao fim da vida, ao qual um homem deve ir puro, tranquilo, pronto para partir sem nenhuma compulsão e perfeitamente reconciliado com seu destino.

LIVRO IV

O que é soberano, quando de acordo com a natureza, é atingido de tal forma pelos acontecimentos que lhe é sempre fácil o ajuste, na medida do possível, ao que é oferecido. Portanto, não dá preferência a nenhuma matéria exclusiva, mas se impulsiona na direção de sua meta, ainda que sob certas condições excepcionais; produz sua matéria com base naquilo que lhe faz oposição, assim como o fogo quando se apodera do que nele é lançado, sem o que uma pequena candeia seria apagada; quando, porém, o fogo é forte, depressa incorpora a si mesmo o que é sobre ele depositado, o que o consome e se eleva a partir disso.

Não agir pelo acaso nem de outra maneira, a não ser segundo os preceitos da perfeita execução da arte. As pessoas buscam para si refúgios, casas de campo, praias e montanhas; e tu também desejas isso intensamente. Mas isso toca inteiramente as mais vulgares entre as pessoas, pois depende de tua vontade, a qualquer momento, fazeres o retiro para dentro de ti mesmo. Com efeito, em lugar algum, seja em busca de mais tranquilidade, seja visando distanciar-se de negócios e atividades, consegue uma pessoa mais refúgio que dentro de sua alma, isso, sobretudo, quando abriga dentro de si pensamentos cuja contemplação lhe transmite imediatamente completo conforto; digo, a propósito, que conforto ou tranquilidade não é outra coisa senão uma boa ordem. Portanto, proporciona a ti continuamente esse refúgio e renova a ti mesmo; e que teus princípios sejam concisos e possuam caráter elementar, para que, tão logo recorras a eles, bastem para repelir por completo a traição e te enviar de volta sem descontentamento às coisas às quais retornas. Com o que experimentas descontentamento? Com a maldade dos seres humanos? Raciocina com base no juízo de que os animais racionais são gerados em função da relação de reciprocidade, que suportar é parcialmente justiça, que erros são involuntários e que aqueles que até agora foram abertamente inimigos, trocaram suspeitas, ódio, trespassaram-se com golpes de lança já estão estendidos e seus corpos incinerados. Acalma-te. Será o caso de experimentares descontentamento com o lote que o universo atribuiu a ti? Recorda-te da alternativa: ou a Providência ou os átomos, e a partir de quais argumentos chegou-se a provar que o mundo é como se fosse uma cidade. Será o caso de as coisas do corpo terem se apoderado de ti? Pondera que o pensamento não se mistura aos movimentos do sopro vital, mesmo que ocorram suave ou bruscamente, depois que o pensamento protegeu a si mesmo e reconheceu o poder que lhe é característico; e, de resto, do que, no que toca a dor e prazer, ouviste e admitiste. Será o caso daquela pequena glória que te distrai? Se olhares, verás quão rápido todas as coisas são condenadas ao esquecimento e ao abismo de eternidade que de cada lado se franqueia ao infinito, ao vazio do eco, à inconstância e à irreflexão daqueles que simulam palavras de benevolência e à estreiteza do lugar que delimita o espaço da glória. Toda a Terra não passa de um ponto, e quão minúsculos são os cantos dela que servem de moradia! E neles, quantas pessoas e que espécie de pessoas existem que se prestarão a louvar-te? Tudo o que resta, portanto, é lembrar-te do retiro que podes realizar no pequeno campo no interior de ti mesmo; e, acima de tudo, não te apresses na ansiedade nem sejas inflexível, mas livre, e veja as coisas como homem, como ser humano, como cidadão, como animal mortal.

Entre os princípios mais a tua disposição com os quais topares, que estejam estes dois: o primeiro é que as coisas não alcançam a alma, mas permanecem externas, imobilizadas; que os embaraços e as turbulências se originam unicamente da opinião produzida no interior dela. O outro é que todas essas coisas que contemplas serão, embora não tenham sido ainda, transformadas e não existirão mais; e já observaste tantas transformações que deves pensar ininterruptamente: o mundo é alteração, a vida é sucessão.

Se a inteligência nos é comum, a razão que nos estabelece na qualidade de racionais é comum; se é assim, também a razão que determina o que deve ser feito ou o que não deve ser feito é comum; se é assim, também a lei é comum; se é assim, somos concidadãos;

se é assim, participamos de alguma administração dos negócios que são comuns; se é assim, o mundo é de algum modo como uma cidade-estado. De qual outra administração comum estaríamos facultados a dizer que a totalidade do gênero humano participa?

É em decorrência dela, dessa cidade-estado comum, que nos chegam a própria inteligência, o racional e o legal. Ou de onde chegariam? Com efeito, como o telúrico em mim foi separado e extraído de certa terra, o úmido de um elemento distinto, o aéreo de alguma outra fonte e o quente de alguma outra (pois nada há que provenha do nada, como nada há que retorne ao nada), do mesmo modo a inteligência possui um ponto de origem. A morte, como o nascimento, é um mistério da natureza.

O nascer é uma combinação de elementos, enquanto o morrer é uma dissolução nos mesmos elementos: nada em absoluto que seja desonroso, uma vez que não se opõe ao que se coaduna com um animal racional nem à razão de nossa disposição natural. Tais coisas, por conta de tais fatores, devem assim se produzir naturalmente, sob o império da necessidade; em uma palavra, lembra-te que não transcorrerá muito tempo para que tu e ela estejam mortos; logo depois, nada deixareis atrás de vós, nem sequer vosso nome. Aniquilando a suposição, aniquilarás o fui injustiçado. Aniquilando o fui injustiçado, aniquilarás a injustiça.

Aquilo que não torna pior a própria pessoa também não torna pior sua vida, tampouco a prejudica, quer em suas relações externas, quer internamente. A natureza daquilo que é útil consiste em fazer-se forçosamente útil. Tudo o que acontece justamente acontece; é algo que descobrirás se observares com precisão; não me limito a dizer que é segundo a consequência, mas que é segundo a justiça, e como aquilo que é atribuído a cada um conforme seu merecimento. Assim, prossegue observando, como fizeste no princípio; ademais, em tuas ações, faz como sendo uma pessoa de bem, em consonância com aquilo que é característico da pessoa de bem. No que toca a todas as tuas atividades, conserva essa regra.

Não concebas as coisas segundo o critério daquele que se comporta com insolência contigo ou da maneira que deseja que tu as julgues; pelo contrário, considera-as como são na realidade. É preciso que duas regras estejam sempre à tua disposição: a primeira é realizar somente o que é sugerido, no interesse humano, pela razão régia e legislativa; a segunda é mudares tua forma de pensar se contares com a presença de alguém capaz de corrigi-la, inclusive adotando a conduta dessa pessoa. Entretanto, impõe-se que essa mudança tenha sempre como nascedouro algo convincente e sustentável, como a justiça ou o interesse comum, sendo necessário ser unicamente algo que se avizinha desses motivos e não algo que se revela prazeroso ou glorioso.

Possuis a razão? "Possuo". Então por que não a utilizas? Se ela cumpre sua função, o que mais queres? Tens sido substrato na qualidade de uma parte. Desaparecerás naquilo que te gerou, ou melhor, no seio da razão criadora, mediante transformação, tu serás restaurado. Muitos torrões de incenso são colocados sobre o mesmo altar; um antes, outro depois, o que não faz diferença.

Para as pessoas que te consideram agora um animal feroz ou um macaco, dentro de dez dias, passarão a considerar-te um deus desde que retornes aos princípios e à veneração da razão. Não te conduzas como se estivesses destinado a viver dez mil anos. A fatalidade está no teu encalço. Enquanto ainda vives, enquanto há possibilidade, sê da estirpe das pessoas boas.

Quanto ganha em lazer aquele que não dá atenção ao que diz o vizinho, ou ao que ele faz ou pensa, mas se limita às suas próprias ações para que sejam justas, impregnadas de devoção religiosa e próprias do homem bom! Não olhes a tua volta, impressionado, para as maneiras de ser negativas e funestas, mas, em lugar disso, caminha rapidamente e com retidão pela linha rumo à meta, sem se dispersar. Todo aquele que busca a fama póstuma não imagina que cada um daqueles que dele se recorda não tardará a morrer, e que seus sucessores, por sua vez, também acabarão mortos, até finalmente a inteira recordação extinguir-se. Podes, inclusive, até supor que aqueles que se recordarão de ti e essa memória são imortais. Mas o que representa isso para ti? E não digo apenas que nada representa para o morto, mas de que serve o louvor mesmo para os vivos? A não ser que se leve em conta alguma eventual vantagem doméstica. Com efeito, nessa perspectiva, deixas de lado impropriamente a dádiva da natureza, ou seja, apega-te a qualquer coisa exceto à razão. Toda coisa que é de uma maneira ou outra bela ou boa o é a partir de si mesma, tem seu remate em si mesma e não tem o louvor como parte de si mesma. Aquilo que louvamos não se torna algo nem pior nem melhor pelo fato de ser louvado. Digo isso inclusive no que se refere ao que gente mais comum clássica de belo ou bom, por exemplo, as coisas materiais e os objetos artificiais; o que é de fato bom ou belo carece de algo mais? Não mais que a lei, não mais que a verdade, não mais que a benevolência ou a honra. Quais são boas ou belas por causa do louvor ou corrompidas por causa da censura? Uma esmeralda é tornada pior do que era por não ter sido objeto de louvor? E quanto ao ouro, ao mármore, a púrpura, a uma pequena pedra preciosa, a uma pequena flor, a um arbusto?

Na hipótese da persistência das almas após a morte, como houve desde a eternidade ar suficiente para contê-las? Como houve terra suficiente desde a eternidade para conter os corpos que restaram dos mortos? Pois, como aqui, mesmo eles, depois de haverem permanecido na terra por algum tempo, passaram à transformação e à decomposição, abrindo espaço suficiente para outros cadáveres, igualmente as almas, deslocadas pelos ares, tendo neles sido mantidas por certo tempo, transformam-se, expandem-se e inamam-se, acolhidas pela razão criadora do universo, desse modo fornecendo espaço suficiente às almas que buscam aí outra morada. Esta seria a resposta na hipótese da persistência das almas após a morte. É necessário não apenas ter em mente a imensa quantidade desses corpos sepultados como também aquela dos animais comidos por nós diariamente, os quais, por sua vez, comem os outros animais. Com efeito, é de se imaginar: qual o número de corpos que é assim consumido e, que o digamos assim, sepultado nos corpos daqueles que deles se alimentam? E a despeito disso, não falta espaço para recebê-los, quer por causa de sua conversão em sangue, quer em razão de sua transformação em uma substância aérea ou em uma substância ígnea. Em relação a isso, como realizar a investigação da verdade? Distinguindo entre a matéria e a causa formal.

Não te deixes dominar pela impetuosidade, transmitindo, sim, justiça em todas as tuas ações e impulsos, e em todas as tuas ideias conserva o entendimento. Harmonizo tudo em mim, ó mundo, tu que és harmonioso. Nada é para mim precoce nem tardio daquilo que para ti está situado no tempo oportuno. Tudo é para mim, ó natureza, fruto do que trazem consigo as tuas estações; todas as coisas emergem de ti, todas as coisas estão em ti, todas as coisas tendem para ti. Alguém disse: "Cara cidade de Cécrops". Não dizes tu: Ó cara cidade de Zeus? "Executa poucas coisas", ele diz, "se pretendes atingir a alegria". Não seria de melhor valia dizer para executarmos as coisas necessárias e aquilo que a razão elege para um animal naturalmente social e dizer como o elege? De fato, com isso produzirás não só o júbilo resultante da boa conduta como também aquele de executar poucas coisas. Realmente, a maior parte daquilo que falamos e fazemos é desnecessária, de modo que se a eliminarmos teremos mais lazer e estaremos mais tranquilos. Daí a necessidade de lembrar a si mesmo a cada oportunidade sobre cada coisa: não estará entre as coisas desnecessárias? Deve-se não apenas eliminar as ações desnecessárias como também as ideias; com efeito, assim, não se seguirão as ações que essas ideias poderiam acarretar.

Experimenta por ti mesmo como te sairás bem com a vida de uma pessoa de bem, aquela que se contenta com a parte que lhe é atribuída pelo todo e para a qual basta ser justa em suas ações e benevolente nas disposições que manifesta.

Viste aquilo? Pois vê isto também. Não perturbes a ti mesmo. Torna-te simples. Causam danos a ti? Aquele que o faz causa dano a si mesmo. Foste atingido por algum acontecimento? Ótimo, tudo aquilo que acontece foi determinado para ti pelo universo desde o princípio e segundo a trama do destino. Em síntese, a vida é curta; tira vantagem do presente com prudência e justiça. Sê sóbrio sem constrangimento.

Ou um mundo disposto ordenadamente, ou uma desordem, mas

ainda assim um mundo. Mas é possível que em ti haja alguma ordem como fundamento? E desordem no universo? E isso quando todas as coisas são combinadas, fundidas e conjugadas mutuamente? Caráter negativo, obstinado, selvagem, pueril, bestial, covarde, desleal, charlatanesco, de pequeno mercador, tirânico. Se para o mundo ser estrangeiro é ignorar o que neste existe, não menos o é ignorar seus acontecimentos. É um fugitivo quem se esquiva à razão social; um cego quem fecha os olhos do entendimento; um indigente quem carece de outra pessoa e que não toma de seus próprios recursos todas as coisas úteis à vida. Aquele que abandona a razão, a qual infunde a natureza de comunidade e dela se distancia porque está descontente com os acontecimentos que o atingem constitui um abscesso do mundo, pois a natureza que produz os acontecimentos é a mesma que te produziu. Aquele que secciona sua própria alma daquela dos seres racionais torna-se um pedaço amputado do Estado; com efeito, a alma é una.

O sem túnica age filosoficamente, enquanto o destituído de livros também; e mesmo aquele seminu. "Não tenho pão", ele diz, "e me mantenho à razão". Quanto a mim, eu que disponho dos recursos para os estudos, não me mantenho a ela.

Dedica ao ofício de artesão que aprendeste amor e aceitação integral; quanto ao resto de tua vida, percorra-o como alguém que com a plenitude de sua alma deposita confiança nos deuses sobre tudo o que lhe diz respeito e que, em relação aos seres humanos, não se posiciona nem como tirano nem como escravo.

Pensa, a título de exemplo, no tempo de Vespasiano e verás tudo isto: pessoas casando, educando, ficando enfermas, morrendo, lutando na guerra, celebrando festas, fazendo comércio, lavrando a terra, bajulando, exibindo arrogância, alimentando suspeitas, conspirando, desejando a morte de algumas outras pessoas, murmurando queixas contra o presente, amando, entesourando, desejando ardentemente o posto de cônsul ou de rei. E, no entanto, esse mundo absolutamente não existe mais. Passa então para a época de Trajano: todas essas ações se repetem e o mundo do tempo dele está também extinto. Examina, ademais, do mesmo modo os outros registros de tempos e de nações inteiras e observa quantos seres humanos, após haverem despendido todos os seus esforços não tardaram a tombar, condenados à dissolução entre os elementos. Mas recorda, principalmente, daqueles que conheceste pessoalmente, aqueles que entretidos com coisas vãs, se omitiram quanto a agir em consonância com sua própria constituição, se manterem indissociavelmente ligados a ela e se contentarem com ela. Impõe-se, entretanto, lembrar aqui que a atenção a acompanhar cada ação precisa possuir sua avaliação e proporção próprias. Dessa maneira, não perderás o ânimo, caso não tenhas te ocupado com as coisas inferiores mais tempo do que o conveniente. As palavras que outrora era costume empregar são agora arcaicas e estranhas; também são arcaicos e estranhos atualmente os nomes de outrora, então celebrados por hinos: Camilo, Céson, Voleso, Leonato; logo depois, Cipião e Catão, em seguida, Augusto, incluindo também depois Adriano e Antonino.

Com efeito, todos depressa se extinguem, adquirindo caráter de fábula, não demorando para que um completo esquecimento os cubra. E digo isso daqueles que de um modo ou outro foram extraordinariamente brilhantes, pois os restantes já no seu último alento se tornaram desconhecidos, ignorados e não se ouviu mais falar deles. O que é, então, em geral, que se perpetua como memória? Em geral, a vaidade. Assim, no que é preciso que coloquemos nosso empenho? Apenas no seguinte: um pensamento de acordo com a justiça, uma conduta em prol do interesse comum, um discurso que jamais engane e uma disposição que acolha zelosamente todos os acontecimentos como necessários, como aptos a serem reconhecidos, como brotando do mesmo princípio e da mesma fonte.

Entrega-te espontaneamente a Cloto, com teu assentimento a suportar todas as coisas desejadas por ela.

Tudo é efêmero, inclusive o lembrar e aquilo de que se lembra. Mantém-te a observar que tudo acontece por meio de transformação e habitua-te a ter em mente que nada agrada mais a natureza do universo do que transformar os seres e produzir novos seres semelhantes. Com efeito, tudo o que existe é de alguma maneira uma semente das coisas que serão. Todavia, a única ideia que fazes do que seja semente é a das sementes lançadas à terra ou a do sêmen lançado ao útero da mãe. Isso é ser extremamente ignorante.

Estás na iminência de morrer e não és nem simples, nem imperturbável, nem livre de suspeitas capazes de te prejudicar o que é exterior, nem favorável com todos, nem dado a instalar a sabedoria na prática exclusiva da justiça.

Observa com olho crítico seus princípios norteadores e os indivíduos sensatos, tanto aquilo de que se esquivam como aquilo que buscam.

Teu mal não tem como fundamento o princípio norteador dos outros, tampouco alguma mudança ou transformação daquilo que te circunda. Então, de onde vem? Daquele lugar em ti no qual os males são acolhidos e protegidos. Assim, que não sejam tais males acolhidos e protegidos, e tudo caminhará bem. Mesmo quando aquilo que está maximamente perto de ti, a saber, teu corpo, fosse submetido a esquartejamento, fosse queimado, supurado, levado à putrefação; a despeito disso, espera-se que a parte que acolhe e protege essas ações às quais o corpo é submetido mantenha a serenidade, isto é, que aquilo que pode acontecer indiscriminadamente ao homem mau e ao homem bom seja julgado por tal parte do corpo como não sendo nem mau nem bom. Realmente aquilo que pode acontecer igualmente aos que vivem contra a natureza e aos que vivem de acordo com ela não está de acordo com a natureza nem a contraria. Concebe ininterruptamente o mundo como um ser vivo único, possuidor de uma substância única e uma alma única; como todas as coisas remontam a uma faculdade de percepção única; como todas as coisas atuam por um impulso único; como todas as coisas concorrem para a causa de todas as coisas; ademais, como estão tecidas e enoveladas em conjunção.

Como declarou Epiteto: "És uma pequena alma que soergue um cadáver".

Ao ser em transformação nada de mal ocorre, como nada de bom ocorre ao ser que tem a transformação como seu fundamento. O tempo assemelha-se a um rio e a uma corrente violenta constituídos pelo vir a ser das coisas. Com efeito, tão logo cada coisa é vista, já é incorporada e sucedida por outra que obedecerá ao mesmo processo. Tudo aquilo que acontece é tão costumeiro e ordinariamente conhecido quanto a rosa na primavera e os frutos no verão; isso também se aplica a doença, morte, calúnia, maquinações e a tudo o mais que atinge os tolos com alegria ou dor. O que sucede está invariavelmente aparentado e nasce do que precede; com efeito, não se trata de uma enumeração que possui apenas independente e respectivamente um conteúdo que lhe é imposto, mas de um processo contínuo de cunho racional. E tal como as coisas que são estão em perfeita harmonia, as que vêm a ser mostram não uma simples sucessão, mas certo parentesco extraordinário. Tem sempre em mente as palavras de Heráclito: "A morte da terra é o nascimento da água, a morte da água é o nascimento do ar, a morte do ar é o nascimento do fogo, e assim inversamente". Tem também em mente aquele indivíduo "que esquece aonde a estrada conduz; e que as pessoas na sua associação constante e majoritária com a razão, a qual comanda todas as coisas, por vezes desta divergem; e que parecem encarar como estranhos os acontecimentos que as atingem diariamente. E que não se deve realizar coisas nem as dizer como se embalados pelo sono, pois parece, nesse caso, que assim agimos e falamos como fazem crianças que imitam os pais", quer dizer, seguindo o usual e como nos foi ensinado.

Mesmo que um dos deuses te dissesse que morrerás amanhã ou, em todo caso, no dia que se segue ao de amanhã, não atribuirias mais, a não ser que fosses a pessoa mais vil entre os vis, grande peso ao fato de morrer depois de amanhã ou amanhã; o que significa esse intervalo? Ademais, não julgues que tem grande importância morrer depois de muitos anos a morrer amanhã.

Conserva-te refletindo quantos médicos frequentemente morreram após cerrarem as pálpebras dos enfermos, e quantos astrólogos após previrem, isso com ares de grandeza, as mortes alheias; quantos filósofos depois de produzirem um número incalculável de discursos acerca da morte ou da imortalidade; quantos indivíduos sumamente corajosos depois de exterminarem muitas pessoas; quantos tiranos que se apoderaram de vidas empregando uma cruel arrogância, como se fossem imortais; quantas cidades, que se permita dizê-lo assim, inteiramente mortas: Hélice, Pompeia, Herculano e uma quantidade inumerável de outras. Acresce os que tu presenciaste morrer um após o outro. Alguém cuidou do funeral de outra pessoa para depois receber esse cuidado de um terceiro; tudo em pouco tempo. Em resumo, convém considerar sempre as coisas humanas como efêmeras e de escasso valor: ontem um pouco de ranho, amanhã corpo embalsamado ou cinza.

Percorre, portanto, esse curto período de tempo em harmonia com a natureza e encerra teus dias serenamente a imitar uma azeitona que cai quando madura, a louvar a terra que a fez nascer e a agradecer à árvore que a produziu.

Sê semelhante ao promontório no qual as ondas se chocam ininterruptamente, que, porém, permanece firme e acalma o ímpeto das águas que o circundam. Infeliz que sou por conta desse acontecimento que me atingiu. Não, ao contrário, feliz ainda que me tenha acontecido, pois permaneço sem experimentar sofrimento nem ser esmagado pelo presente, nem sob o peso do temor do que virá em seguida. De fato, seria possível que isso acontecesse a qualquer pessoa, mas qualquer pessoa não teria permanecido, após atingida por esse evento, sem experimentar sofrimento. E por que então isso que aconteceu seria mais infelicidade do que o outro acontecimento seria felicidade? Dizes, em suma, ser infelicidade ou fracasso de um ser humano aquilo que não constitui fracasso para a natureza humana? E aquilo que não contraria o desígnio da natureza humana a ti se assegura como sendo um fracasso para essa natureza? Ora, conheces esse desígnio. E, então, o acontecimento fortuito te impediria de ser justo, de alma grandiosa, moderado, prudente, ponderado, sincero, reservado, livre, e assim por diante, possuidor de todas aquelas qualidades cuja presença leva a natureza do ser humano a recolher as coisas que lhe são próprias? Lembra-te, ademais, de recorrer ao seguinte princípio em todas as situações que te levarem à aflição: isto não é infelicidade, podendo ser felicidade se a suportar nobremente. Para obter o desdém da morte, constitui ajuda vulgar, todavia eficaz, a lembrança daqueles que se apegaram à vida tenazmente. O que conseguiram mais do que aqueles que tiveram um desenlace prematuro? Em todo caso, estão estendidos em algum lugar: Cadiciano, Fábio, Juliano, Lépido ou quaisquer outros que, depois de haverem conduzido muitos para o túmulo, foram eles mesmos conduzidos a ele. Em síntese, o intervalo que separa o nascimento da morte é pequeno, e através de que provações e vicissitudes, de que companhias e em que corpos nos é necessário preenchê-lo! Assim, não te inquietes com isso. Observa atrás de ti o infinito do tempo e adiante de ti outro infinito.

Nesse infinito, então, qual é a diferença entre aquele que vive três dias e aquele que vive três gerações?

Sempre corra para o caminho mais curto; o caminho curto é o natural, de acordo com isso, diga e faça tudo de acordo com a razão mais sólida. Com esse propósito, o homem livra-se de problemas, da guerra e de todo artifício e ostentação.

LIVRO V

De manhã, quando levantares de má vontade, deixe este pensamento estar presente: estou me dedicando ao trabalho de um ser humano. Por que então estou insatisfeito se vou fazer as coisas para as quais existo e para as quais fui trazido ao mundo? Ou fui feito para isso, para deitar na roupa de cama e me manter aquecido? Existes então para obter o seu prazer, e não para a ação ou o esforço? Não vês as plantinhas, os passarinhos, as formigas, as aranhas, as abelhas trabalhando juntas para colocar em ordem suas várias partes do universo? E não estás disposto a fazer o trabalho de um ser humano, e não te apressas em fazer o que está de acordo com a tua natureza? Mas é necessário descansar também. É necessário; no entanto, a natureza fixou limites para isto também: ela fixou limites tanto para comer quanto para beber, e ainda assim tu ultrapassas esses limites, além do que é suficiente; ainda assim, em tuas ações não é assim, mas tu paras antes do que podes fazer. Portanto, tu não amas a ti mesmo, pois se o fizesses, amarias tua natureza e sua vontade. Mas aqueles que amam suas várias artes se exaurem trabalhando nelas sem lavar e sem comida; mas tu valorizas tua própria natureza menos do que aquele que valoriza a arte de girar, ou o dançarino valoriza a arte da dança, ou que o amante do dinheiro valoriza seu dinheiro, ou o homem vaidoso valoriza sua pequena glória. E tais homens, quando têm uma afeição violenta por alguma coisa, optam por não comer nem dormir, em vez de aperfeiçoar as coisas de que se importam. Mas são os atos que dizem respeito à sociedade mais vis aos teus olhos e menos dignos do teu trabalho?

Quão fácil é repelir e limpar toda impressão que é incômoda ou inadequada, e imediatamente focar em toda a tranquilidade.

Julgue cada palavra e ação que estão de acordo com a natureza para serem adequadas a ti; não te deixes distrair pela culpa que vem de qualquer povo, nem por suas palavras, mas se uma coisa é boa para ser feita ou dita, não a consideres indigna de ti. Pois essas pessoas têm seus princípios orientadores peculiares e seguem seus movimentos peculiares; coisas que tu não consideras, mas segue em frente, seguindo tua própria natureza e a natureza comum; o caminho de ambos é um.

Eu passo pelas coisas que acontecem de acordo com a natureza até que eu caia e descanse, exalando meu fôlego naquele elemento do qual eu o retiro diariamente, e caindo naquela terra da qual meu pai coletou a semente, e minha mãe o sangue, e minha ama o leite; do qual, durante tantos anos, recebi comida e bebida.

Tu dizes: “Os homens não podem admirar a agudeza de tua inteligência”. Seja assim, mas há muitas outras coisas das quais tu não podes dizer, eu não fui formado para elas por natureza. Mostre então aquelas qualidades que estão totalmente em seu poder, sinceridade, gravidade, resistência ao trabalho, aversão ao prazer, contentamento com tua porção e com poucas coisas, benevolência, franqueza, nenhum amor ao supérfluo, liberdade de magnanimidade insignificante. Não vês quantas qualidades és imediatamente capaz de exibir, nas quais não há desculpa para a incapacidade e inaptidão naturais, e ainda assim continuas voluntariamente abaixo da marca? Ou és compelido, por ser defeituoso pela natureza, a murmurar, ser mesquinho, lisonjear e culpar o seu pobre corpo, e tentar agradar aos homens, fazer grande exibição e ficar tão inquieto em tua mente? Não, pelos deuses, mas tu já devias ter sido libertado dessas coisas há muito tempo. Somente se na verdade podes ser acusado de ser um tanto lento e obtuso de compreensão, deves se esforçar nisso também, não negligenciando isso, nem ainda tendo prazer em sua estupidez.

Um homem, depois de ter prestado um serviço a outro, está pronto para depositá-lo em sua conta como um favor conferido. Outro não está pronto para fazer isso, mas ainda em sua mente pensa no homem como seu devedor e sabe o que fez. De certa forma, um terceiro nem mesmo sabe o que fez, mas é como uma videira que produziu uvas e nada mais busca depois de ter produzido seu fruto adequado. Como um cavalo quando corre, um cão quando rastreia a caça, uma abelha quando faz o mel, então um homem quando faz uma boa ação, não clama para que os outros venham ver, mas ele passa para outro ato, como a videira passa a produzir novamente as uvas na estação. Deve então ser um destes homens, que de certo modo age assim sem observá-lo? Sim. Mas isso mesmo é necessário, a observação do que um homem está fazendo, pois, pode-se dizer, é característico do animal social perceber que ele está trabalhando de maneira social e, na verdade, desejar que seu parceiro social também o perceba. É é verdade o que dizes, mas não compreendes bem o que agora se diz, e por isso te tornarás um daqueles de quem falei antes, pois até eles são enganados por uma certa demonstração de razão. Mas se escolheres compreender o significado do que é dito, não temas que, por esta razão, omites qualquer ato social.

Uma oração dos atenienses: "Chuva, chuva, ó caro Zeus, sobre os campos arados dos atenienses e nas planícies".

Na verdade, não devemos orar de forma alguma, ou devemos orar desta maneira simples e nobre.

Assim como devemos entender quando é dito que Esculápio prescreveu a este homem exercícios a cavalo, ou tomar banho em água fria ou andar sem sapatos, devemos entender quando é dito que a natureza do universo prescreveu a este homem doença ou mutilação ou perda ou qualquer outra coisa do gênero. Pois, no primeiro caso, prescrito significa algo assim: ele prescreveu isso para este homem como uma coisa adaptada para obter saúde; e, no segundo caso, significa: aquilo que acontece a (ou convém a) todo homem é fixado de uma maneira adequada para ele ao seu destino. Pois é isso que queremos dizer quando dizemos que as coisas nos são adequadas, como dizem os operários das pedras quadradas nas paredes ou nas pirâmides, que são adequadas quando as encaixam umas nas outras em algum tipo de conexão. Pois existe uma única adequação: harmonia. E como o universo é feito de todos os corpos para ser o corpo que é, também, de todas as causas existentes, a necessidade (o destino) é feita para ser uma causa tal como é. E mesmo aqueles que são completamente ignorantes entendem o que quero dizer, pois eles dizem: "Isso (necessidade, destino) trouxe isso a tal pessoa". Isso então foi trazido e isso foi prescrito a ela. Vamos então receber essas coisas, bem como aquelas que Esculápio prescreveu. Muitos, naturalmente, mesmo entre suas prescrições, são desagradáveis, mas nós os aceitamos na esperança da saúde. Que o aperfeiçoamento e a realização das coisas, que a natureza comum julga boas, sejam julgados por ti como sendo do mesmo tipo que tua saúde. E assim aceitar tudo o que acontece, mesmo que pareça desagradável, porque leva a isso, à saúde do universo e à prosperidade e felicidade de Zeus (o universo). Pois ele não teria trazido a ninguém o que trouxe, se não fosse útil para todos. Nem a natureza de nada, seja ela qual for, causa nada que não seja adequado àquilo que é dirigido por ela. Por duas razões, então, é certo ficar contente com o que te acontece; aquele, porque foi feito para ti e prescrito para ti, e de certa forma tinha referência a ti, originalmente das causas mais antigas ligadas ao teu destino; a outra, porque mesmo aquilo que vem separadamente a cada homem é para o poder que administra o universo uma causa de felicidade e perfeição, ou melhor, de sua própria continuidade. Pois a integridade do todo é mutilada, se tu cortas qualquer coisa da conjunção e a continuidade das partes ou das causas. E tu cortas, tanto quanto está em teu poder, quando tu estás insatisfeito, e de uma maneira tenta colocar qualquer coisa fora do caminho.

Não fique enojado, nem desanimado, nem insatisfeito, se não conseguires fazer tudo de acordo com os princípios corretos; mas quando falhares, volte novamente e fique contente se a maior parte do que fazes é consistente com a natureza do homem, e ame aquilo a que tu retornas; não volte à filosofia como se ela fosse um mestre, mas aja como quem tem dor nos olhos e aplica um pouco de esponja e ovo, ou como outro aplica um gesso, ou rega com água. Pois assim não deixarás de obedecer à razão e nela repousarás. E lembre-se de que a filosofia requer apenas as coisas que sua natureza requer; mas tu terias algo mais que não está de acordo com a natureza. Pode-se objetar: "O que é mais agradável do que isso que estou fazendo". Mas não é esta a razão pela qual o prazer nos engana? E considere se magnanimidade, liberdade, simplicidade, equanimidade, piedade, não são mais agradáveis. Pois o que é mais agradável do que a própria sabedoria, quando pensas na segurança e no feliz curso de todas as coisas que dependem da faculdade de compreensão e conhecimento?

Todo o nosso consentimento é mutável; pois onde está o homem que nunca muda? Leve seus pensamentos então para os próprios objetos, e considere quão efêmeros e inúteis eles são, e que eles podem estar na posse de um desgraçado imundo ou uma prostituta ou um ladrão. Em seguida, volte-se para a moral daqueles que vivem contigo, e dificilmente é possível suportar até mesmo o mais agradável deles, para não falar de um homem dificilmente capaz de suportar a si mesmo. Em tal escuridão e sujeira e em um fluxo tão constante de substância e de tempo, e de movimento e de coisas movidas, não posso imaginar o que vale a pena ser altamente valorizado ou mesmo um objeto de busca séria. Mas, pelo contrário, é dever do homem consolar-se e esperar a dissolução natural e não se irritar com a demora, mas descansar apenas nestes princípios: o primeiro, que nada me acontecerá que não seja conforme para a natureza do universo; e o outro, que está em meu poder nunca agir contrário ao meu deus e demônio, pois não há homem que me obrigará a isso.

Sobre o que estou empregando agora em minha própria alma? Em todas as ocasiões, devo me fazer esta pergunta e indagar: o que tenho eu agora nesta parte de mim que eles chamam de princípio regente? E de quem tenho alma agora? De uma criança, ou de um jovem, ou de uma mulher débil, ou de um tirano, ou de um animal doméstico, ou de uma fera?

Que tipo de coisas são essas que parecem boas para muitos, podemos aprender até mesmo com isso. Pois se alguém conceber certas coisas como realmente boas, tais como prudência, temperança, justiça, fortaleza, ele não iria, depois de ter primeiro concebido essas coisas, suportar para ouvir qualquer coisa que não deva estar em harmonia com o que é realmente bom. Mas se um homem primeiro concebeu como boas as coisas que parecem ser boas para muitos, ele ouvirá e prontamente receberá como muito aplicável o que foi dito pelo escritor cômico. Assim, até mesmo muitos percebem a diferença. Pois, se assim não fosse, esta declaração não ofenderia e não seria rejeitada no primeiro caso, enquanto a recebemos quando se fala de riqueza e dos meios que promovem o luxo e a fama, como dito de maneira apropriada e espirituosa. Prossiga então e pergunte se devemos valorizar e pensar essas coisas como boas, às quais, após sua primeira concepção na mente, as palavras do escritor de quadrinhos poderiam ser apropriadamente aplicadas — que aquele que as possui, por pura abundância não tem lugar para se acalmar.

Eu sou composto do formal e do material; nenhum deles perecerá para a inexistência, como nenhum deles passou a existir a partir da inexistência. Cada parte de mim então será reduzida pela mudança em alguma parte do universo, e isso novamente mudará em outra parte do universo, e assim por diante para sempre. E por consequência de tal mudança eu também existo, e aqueles que me geraram, e assim por diante para sempre na outra direção. Pois nada nos impede de dizê-lo, mesmo que o universo seja administrado de acordo com períodos definidos de revolução.

A razão e a arte do raciocínio são poderes suficientes para si e para as suas obras. Eles partem então de um primeiro princípio que é seu, e caminham até o fim que lhes é proposto; esta é a razão pela qual tais atos são chamados *catorthoseis* ou atos corretos, palavra que significa que eles procedem pelo caminho certo.

Nenhuma dessas coisas deve ser chamada de homem, o que não pertence a um homem, como homem. Eles não são exigidos de um homem, nem a natureza do homem os promete, nem são os meios para que a natureza do homem alcance seu fim. Nem o fim do homem reside nessas coisas, nem tampouco o que ajuda a cumprir esse fim, e o que ajuda a esse fim é o que é bom. Além disso, se alguma dessas coisas pertencesse ao homem, não seria certo que um homem as desprezasse e se opusesse a elas; nem seria digno de elogio um homem que mostrasse não querer essas coisas, nem seria bom aquele que se restringiu a qualquer uma delas, se de fato essas coisas fossem boas. Mas agora, quanto mais um homem se priva dessas coisas, ou de outras coisas semelhantes, ou mesmo quando é privado de qualquer uma delas, com mais paciência ele suporta a perda, da mesma forma que ele é um homem melhor.

Tais como são teus pensamentos habituais, tal também será o caráter de tua mente; pois a alma está tingida pelos pensamentos. Tingi-o então com uma série contínua de pensamentos como estes: por exemplo, que onde um homem pode viver, também pode viver bem. Mas ele deve viver em um palácio; bem, ele também pode viver bem em um palácio. E novamente, considere que para qualquer propósito cada coisa foi constituída, para isso ela foi constituída, e para isso é conduzida; seu fim está naquele para o qual é levado; onde está o fim, aí está a vantagem e o bem de cada coisa. Ora, o bem para o animal razoável é a sociedade; pois somos feitos para a sociedade, conforme foi mostrado acima. Não é claro que o inferior existe por causa do superior? Mas as coisas que têm vida são superiores às que não têm vida, e as que têm vida, as superiores são aquelas que têm razão.

Buscar o impossível é loucura, e é impossível que os maus não façam algo desse tipo.

Nada acontece a qualquer homem que ele não seja formado pela natureza para suportar. As mesmas coisas acontecem a outro, ou porque ele não vê que elas aconteceram ou porque ele mostraria um grande espírito, ele está firme e permanece ileso. É uma pena, então, que a ignorância e a presunção sejam mais fortes do que a sabedoria.

As próprias coisas não tocam a alma, nem um pouco; nem têm admissão à alma, nem podem girar ou mover a alma, mas a alma gira e se move sozinha, e quaisquer julgamentos que ela possa considerar apropriado fazer, ela faz por si mesma as coisas que apresentar-se a ele.

Em um aspecto, o homem é a coisa mais próxima de mim, na medida em que devo fazer o bem aos homens e suportá-los. Mas, na medida em que alguns homens se tornam obstáculos aos meus atos adequados, o homem torna-se para mim uma das coisas que são indiferentes, não menos do que o sol ou o vento ou uma fera. Ora, é verdade que eles podem impedir minha ação, mas não são impedimentos aos meus afetos e disposição, que têm o poder de agir condicionalmente e mudar, pois a mente converte e transforma todo obstáculo à sua atividade em um auxílio; assim o que é um obstáculo torna-se um avanço para um ato; aquilo que é um obstáculo no caminho nos ajuda neste caminho.

Reverencie o que há de melhor no universo; é isso que faz uso de todas as coisas e dirige todas as coisas. E da mesma maneira também reverencia o que há de melhor em ti; isso é do mesmo tipo que aquele. Pois em ti também aquilo que faz uso de tudo o mais é isso, e tua vida é dirigida por isso.

Aquilo que não faz mal ao Estado, não faz mal ao cidadão. No caso de toda aparência de dano, aplique esta regra: se o estado não for prejudicado por isso, eu também não sou prejudicado. Mas se o estado for prejudicado, não deves ficar zangado com aquele que faz mal ao estado. Mostre a ele onde está seu erro.

Muitas vezes pense na rapidez com que as coisas passam e desaparecem, tanto as que são como as que são produzidas. Pois a substância é como um rio em um fluxo contínuo, as atividades das coisas estão em constante mudança e as causas atuam em infinitas variedades; dificilmente há algo que fica parado. E considere isso que está perto de ti, esse abismo sem limites do passado e do futuro em que todas as coisas desaparecem. Como então não é um tolo que se ensoberbece com essas coisas ou se atormenta com elas e se torna infeliz? Pois eles o irritam apenas por um tempo, e por pouco tempo.

Pense na substância universal, da qual tens uma porção muito pequena; do tempo universal, do qual um intervalo curto e indivisível foi designado a ti; daquilo que é determinado pelo destino, e quão pequena tu és uma parte disso.

Outro me faz mal? Deixe-o cuidar disso. Ele tem sua própria disposição, sua própria atividade. Agora tenho o que a natureza universal deseja que eu tenha; eu faço o que minha natureza agora quer que eu faça.

Que a parte de tua alma que conduz e governa não seja perturbada pelos movimentos da carne, sejam de prazer ou de dor; que não se una a eles, mas que se circunscreva e limite esses afetos às suas partes. Mas quando esses afetos sobem à mente em virtude daquela outra simpatia que existe naturalmente em um corpo que é todo um, então não deves se esforçar para resistir à sensação, pois é natural, mas não deixe a parte dominante de si mesma adicionar à sensação a opinião de que é bom ou ruim.

Viva com os deuses. E ele vive com os deuses que constantemente mostram a eles que sua própria alma está satisfeita com o que é atribuído a ele, e que isso faz tudo o que o demônio deseja, que Zeus deu a cada homem como seu guardião e guia, uma porção de si mesmo. E este é o entendimento e a razão de todo homem.

Estás zangado com aquele cujas axilas fedem? Estás zangado com aquele cuja boca cheira mal? De que adianta esse perigo a ti? Ele tem uma boca, ele tem axilas: é necessário que tal emanação venha de tais coisas — mas o homem tem razão, dir-se-á, e ele é capaz, se sentir dor, de descobrir onde ele ofende. Desejo-te felicidades com a tua descoberta. Pois bem, e tu tens razão, por tua faculdade racional desperta a faculdade racional dele; mostre-lhe seu erro, admoeste-o. Pois se ele ouvir, tu o curarás, e não há necessidade de ira...

Como pretendes viver quando saíres, então está em teu poder viver aqui. Mas se os homens não permitirem, então saia da vida, ainda assim, como se não estivesse sofrendo nenhum dano. A casa está enfumaçada e eu parei com ela. Por que achas que isso é algum problema? Mas, enquanto nada desse tipo me expulsar, permaneço, sou livre e nenhum homem me impedirá de fazer o que eu escolher; eu escolho fazer o que está de acordo com a natureza do animal racional e social.

A inteligência do universo é social. Consequentemente, ela fez as coisas inferiores por causa das superiores e ajusta as superiores umas as outras. Vês como ela subordinou, coordenou e atribuiu a tudo a sua porção própria, e colocou em harmonia umas com as outras as coisas que são melhores.

Como te comportaste até agora com os deuses, teus pais, irmãos, filhos, professores, com aqueles que cuidaram de tua infância, com teus amigos, parentes, com teus escravos? Consideres se tu até agora se comportaste com todos de tal maneira que isso pode ser dito de ti: "Nunca prejudicou um homem por atos ou palavras". E lembra-te de quantas coisas tens passado, e de quantas coisas foste capaz de suportar, que a história da tua vida agora está completa e o teu serviço terminou, de quantas coisas belas tens visto: quantos prazeres e dores desprezaste; quantas coisas ditas honrosas tu rejeitaste; para quantas pessoas mal-intencionadas tu mostraste uma disposição amável.

Por que as almas não qualificadas e ignorantes perturbam aquele que tem habilidade e conhecimento? Qual alma então tem habilidade e conhecimento? Aquilo que conhece o começo e o fim, e conhece a razão que permeia toda a substância e através de todos os tempos por períodos fixos (revoluções), administra o universo.

Logo, muito em breve, serás cinzas, ou um esqueleto, e um nome ou nem mesmo um nome; mas o nome é som e eco. E as coisas que são muito valorizadas na vida são vazias, podres e insignificantes, e como cachorrinhos que mordem uns aos outros, e criancinhas brigando, rindo e então imediatamente chorando. Mas a fidelidade, a modéstia, a justiça e a verdade fugiram da vasta terra para o Olimpo. O que há então que ainda te detém aqui? Se os objetos dos sentidos são facilmente modificados e nunca ficam parados, e os órgãos da percepção são embotados e facilmente recebem falsas impressões; a pobre alma em si é uma exalação de sangue. Mas ter boa reputação em um mundo como este é uma coisa vazia. Por que então não esperas em tranquilidade pelo teu fim, seja a extinção ou a mudança para outro estado? E até que chegue esse momento, o que é suficiente? Ora, nada mais do que venerar os deuses e abençoá-los, fazer o bem aos homens e praticar a tolerância e o autodomínio; mas quanto a tudo que está além dos limites da pobre carne e respiração, lembrar que isso não é teu nem estás em teu poder.

Podes passar a vida em um fluxo igual de felicidade, se puder ir pelo caminho certo e pensar e agir da maneira certa. Essas duas coisas são comuns à alma de Deus e à alma do homem, e à alma de todo ser racional, para não ser impedida por outro; manter o bem consistindo na disposição para a justiça e na prática dela, e nisso deixar que teu desejo encontre seu fim.

Se isso não é nem minha própria maldade, nem um efeito de minha própria maldade, e o bem comum não está ferido, por que estou preocupado com isso? E qual é o mal para o bem comum?

Não se deixes levar pela aparência das coisas, mas ajuda a todos de acordo com tua habilidade e aptidão; se eles deveriam ter sofrido perdas em assuntos que são indiferentes, não imagine que isso seja um dano. Pois é um mau hábito.

Quando estás chamando a Rostra, esqueceste, homem, o que são essas coisas? Sim; mas são objetos de grande preocupação para essas pessoas — tu também serás feito de tolo por essas coisas? Eu já fui um homem afortunado, mas perdi-o, não sei como. Mas afortunado significa que um homem designou para si mesmo uma boa fortuna, e uma boa fortuna é uma boa disposição da alma, boas emoções, boas ações.

LIVRO VI

A substância do universo é obediente e complacente; a razão que o governa não tem em si motivo para fazer o mal, pois não tem malícia, nem faz mal a nada, nem nada é prejudicado por ela. Mas todas as coisas são feitas e aperfeiçoadas de acordo com esta razão.

Não faça diferença para ti se estás com frio ou com calor, se estás cumprindo o teu dever; se estás sonolento ou satisfeito com o sono; se mal falado ou elogiado; se morrendo ou fazendo outra coisa. Pois é um dos atos da vida, este ato pelo qual morremos; é suficiente então neste ato também fazer bem o que temos em mãos.

Olhar para dentro. Não deixe nem a qualidade peculiar de nada nem seu valor escapar de ti.

Todas as coisas existentes logo mudam e serão reduzidas a vapor, se é que todas as substâncias são uma, ou serão dispersas.

A razão que governa sabe qual é a sua própria disposição, o que ela faz e com que material atua.

A melhor maneira de se vingar é não se tornar o malfeitor.

Desfrute de uma coisa e descanse nela, passando de um ato social a outro, pensando em Deus.

O princípio regente é aquele que desperta e gira, e ao mesmo tempo que se faz tal como é e tal como deseja ser, também faz com que tudo o que acontece a si mesmo pareça ser tal como deseja.

Em conformidade com a natureza do universo, cada coisa é realizada, pois certamente não é em conformidade com qualquer outra natureza que cada coisa é realizada, seja uma natureza que externamente compreende isso, ou uma natureza que é compreendida dentro desta natureza, ou uma natureza externa e independente desta.

O universo é uma confusão e uma involução mútua das coisas

e uma dispersão; ou é unidade, ordem e providência. Se então é o primeiro, por que desejo permanecer em uma combinação fortuita de coisas e em tal desordem? E por que me preocupo com qualquer outra coisa senão como vou finalmente me tornar a terra? E por que estou perturbado, pois a dispersão dos meus elementos acontecerá em tudo o que eu fizer. Mas se a outra suposição for verdadeira, eu venero, e sou firme e confio naquele que governa.

Quando foste compelido pelas circunstâncias a ser perturbado de alguma maneira, volte rapidamente a si mesmo e não continue desafinado por mais tempo do que a compulsão dura; pois tu terás mais domínio sobre a harmonia recorrendo continuamente a ela.

Se tivesses uma madrasta e uma mãe ao mesmo tempo, serias obediente a sua madrasta, mas ainda assim voltarias constantemente para ela. Que a corte e a filosofia sejam agora para ti madrasta e mãe: volte à filosofia frequentemente e repouse nela, por meio de quem tu te encontras na corte parece tolerável, e pareces tolerável na corte.

Quando temos carne diante de nós e tais comestíveis, temos a impressão de que este é o cadáver de um peixe e este é o cadáver de um pássaro ou de um porco; novamente, que este falerno é apenas um pouco de suco de uva, e este manto púrpura alguma lã de ovelha tingida com o sangue de um marisco; tais então são essas impressões, e elas alcançam as próprias coisas e as penetram, e assim vemos que tipo de coisas elas são. Da mesma forma, devemos agir durante toda a vida, e onde há coisas que parecem mais dignas de nossa aprovação, devemos desnudá-las e olhar para sua inutilidade e despojá-las de todas as palavras pelas quais são exaltadas. Pois a exibição exterior é um perversor maravilhoso da razão, e quando estás mais certo de que está empenhado em coisas que valem a pena, é então que ela mais te engana.

Muitas das coisas que a multidão admira referem-se a objetos do tipo mais geral, aqueles que são mantidos juntos por coesão ou organização natural, como pedras, madeira, figueiras, vinhas, azeitonas. Mas aqueles que são admirados por homens que são um pouco mais razoáveis referem-se às coisas que são mantidas juntas por um princípio vivo, como rebanhos, manadas. Aqueles que são admirados por homens que são ainda mais instruídos são as coisas que são mantidas juntas por uma alma racional, não porém uma alma universal, mas racional na medida em que é uma alma hábil em alguma arte, ou especialista em alguma outra maneira, ou simplesmente racional na medida em que possui vários súditos. Mas aquele que valoriza a alma racional, uma alma universal e adequada para a vida política, não considera outra coisa senão isso; e, acima de tudo, ele mantém sua alma em uma condição e em uma atividade conforme à razão e à vida social, e ele coopera para esse fim com aqueles que são da mesma espécie que ele.

Algumas coisas estão surgindo rapidamente, e outras estão saindo dela; daquilo que está vindo à existência, parte já se extinguiu. Os movimentos e as mudanças renovam continuamente o mundo, assim como o curso ininterrupto do tempo está sempre renovando a duração infinita dos tempos. Então, neste riacho que flui, no qual não há morada, o que há das coisas que se apressam pelas quais um homem estabeleceria um alto preço? Seria como se um homem se apaixonasse por um dos pardais que passam voando, mas ele já sumiu de vista. Algo desse tipo é a própria vida de cada homem, como a exalação do sangue e a respiração do ar. Pois tal como é ter uma vez aspirado o ar e devolvido, o que fazemos a cada momento, da mesma forma é com toda a força respiratória que recebeste no teu nascimento ontem e anteontem que devolverá ao elemento do qual o tirou.

Nem a transpiração, como nas plantas, é algo a ser valorizado, nem a respiração, como nos animais domesticados e feras, nem o recebimento de impressões pelas aparências das coisas, nem o ser movido pelos desejos como marionetes por cordões, nem se reunindo em rebanhos, nem sendo nutrido por comida; pois isso é como o ato de separar e repartir a parte inútil de nossa comida. Então, de que vale a pena ser valorizado? Para ser recebido com palmas? Não. Nem devemos valorizar o bater de palmas, pois o louvor que vem de muitos é o bater de palmas. Suponha então que desististe dessa coisa inútil chamada fama, o que resta que vale a pena valorizar? Isso, em minha opinião, é mover-te e restringir-te em conformidade com tua própria constituição, para a qual todos os empregos e artes conduzem. Pois toda arte visa isso, que a coisa que foi feita deve ser adaptada à obra para a qual foi feita; tanto o plantador de videiras que cuida da videira, como o domador de cavalos, e aquele que treina o cachorro, buscam este fim.

Mas a educação e o ensino da juventude visam algo. Nisso então está o valor da educação e do ensino. E se isso estiver bem, não buscarás mais nada. Não deixarás de valorizar muitas outras coisas também? Então tu não serás livre, nem suficiente para tua própria felicidade, nem sem paixão. Por necessidade, deves ter inveja, ciúme e suspeitar daqueles que podem tirar essas coisas, e conspirar contra aqueles que têm o que é valorizado por ti. Por necessidade, um homem deve estar totalmente em um estado de perturbação se quiser qualquer uma dessas coisas; e, além disso, ele deve frequentemente criticar os deuses. Mas reverenciar e honrar sua própria mente o deixará contente consigo mesmo, e em harmonia com a sociedade, e de acordo com os deuses, isto é, elogiando tudo o que eles dão e ordenam.

Acima, abaixo e ao redor, estão os movimentos dos elementos. Mas o movimento da virtude não está em nada disso, é algo mais divino e, avançando por um caminho dificilmente observado, segue feliz por seu caminho.

Como os homens agem de maneira estranha. Não elogiarão aqueles que vivem ao mesmo tempo e convivem consigo mesmos; mas para serem elogiados pela posteridade, por aqueles que eles nunca viram ou verão, isso eles dão muito valor. Mas isso é o mesmo que se estivesses entristecido porque aqueles que viveram antes de ti não te elogiaram.

Se uma coisa é difícil de ser realizada por ti, não penses que é impossível para o homem, mas se alguma coisa é possível para o homem e conforme a sua natureza, pensa que isso também pode ser alcançado por ti.

Nos exercícios de ginástica, suponha que um homem te rasgou com as unhas e, ao chocar-se com a sua cabeça, infligiu um ferimento. Bem, não mostramos quaisquer sinais de irritação, nem ficamos ofendidos, nem suspeitamos dele depois como um sujeito traiçoeiro; ainda assim estamos em guarda contra ele, não como um inimigo, nem ainda com suspeita, mas calmamente saímos de seu caminho. Algo assim, deixe teu comportamento em todas as outras partes da vida; vamos deixar de lado muitas coisas naqueles que são como antagonistas no ginásio. Pois está em nosso poder, como eu disse, sair do caminho e não ter suspeitas nem ódio.

Se algum homem for capaz de me convencer e mostrar que não penso ou ajo certo, mudarei de bom grado; pois procuro a verdade pela qual nenhum homem jamais foi ferido. Mas é ferido aquele que permanece em seu erro e ignorância.

Cumpro meu dever, outras coisas não me incomodam; pois são coisas sem vida, ou coisas sem razão, ou coisas que divagam e não conhecem o caminho.

Quanto aos animais que não têm razão e geralmente todas as coisas e objetos, visto que tu tens razão e eles não têm nenhuma, faz uso deles com um espírito generoso e liberal. Mas para com os seres humanos, como eles têm razão, comportem-se com espírito social. E em todas as ocasiões invoque os deuses e não se confunda com a extensão de tempo em que farás isso; pois mesmo três horas assim gastas são suficientes.

Alexandre, o macedônio, e seu parceiro morreram no mesmo estado; pois ou foram recebidos entre os mesmos princípios seminais do universo, ou foram igualmente dispersos entre os átomos.

Considere quantas coisas no mesmo tempo indivisível acontecem em cada um de nós, coisas que dizem respeito ao corpo e coisas que dizem respeito à alma, e assim, não se perguntarás se muito mais coisas, ou melhor, todas as coisas que passam a existir naquilo que é o um e todos, que chamamos de Cosmos, existem nele ao mesmo tempo.

Se qualquer homem te propusesse a pergunta, como o nome Antoninus é escrito, tu com um esforço de voz proferiria cada letra? E então se eles ficarem com raiva, ficarás com raiva também? Não seguirás com compostura e dirás cada letra? Da mesma forma, nesta vida, lembre-se também de que todo dever é composto de certas partes. É teu dever observar e sem ser perturbado ou mostrar raiva para aqueles que estão com raiva de ti, ir em teu caminho e terminar o que está posto diante de ti.

Quão cruel é não permitir que os homens se esforcem por coisas que lhes parecem adequadas à sua natureza e lucrativas! E ainda assim tu não permites que eles façam isso, quando tu estás aborrecido porque eles agem mal. Pois eles certamente são movidos em direção às coisas, porque eles supõem que são adequados à sua natureza e proveitosos para elas. Mas não é assim. Ensine-os então, e mostre-os sem raiva.

A morte é uma cessação das impressões através dos sentidos e do puxar dos fios que movem os apetites, e dos movimentos discursivos dos pensamentos e do serviço à carne.

É uma pena para a alma ser a primeira a ceder nesta vida, quando o teu corpo não cede.

Cuide para que não se torne um César, para que não seja tingido com esta tintura; porque essas coisas acontecem. Portanto, mantenha-se simples, bom, puro, sério, livre de afetação, amigo da justiça, adorador dos deuses, gentil, afetuoso, vigoroso em todos os atos adequados. Esforce-se para continuar a ser tal como a filosofia desejou fazer de ti.

Reverencie os deuses e ajude os homens. Curta é a vida. Há apenas um fruto desta vida terrena, uma disposição piedosa e atos sociais. Faça tudo como discípulo de Antonino. Lembre-se de sua constância em cada ato que era conforme à razão, e sua uniformidade em todas as coisas, sua piedade, a serenidade de seu semblante, sua doçura, seu desprezo pela fama vazia e seus esforços para compreender as coisas; como ele nunca deixaria nada passar sem primeiro ter examinado com muito cuidado e entendido claramente; como ele suportou aqueles que o culparam injustamente, sem culpá-los em troca; como ele não fez nada com pressa; como ele não dava ouvidos a calúnias, e quão exato examinador de maneiras e ações ele era; não dado a reprovar as pessoas, nem tímido, nem desconfiado, nem sofista; com quão pouco ele estava satisfeito, como alojamento, cama, vestido, comida, criados; quão trabalhoso e paciente; como ele era capaz, por causa de sua dieta moderada, de resistir à noite, nem mesmo precisando se aliviar por quaisquer evacuações, exceto na hora habitual; sua firmeza e uniformidade em suas amizades; como ele tolerou a liberdade de expressão daqueles que se opunham às suas opiniões; o prazer que sentia quando alguém lhe mostrava algo melhor; como ele era religioso sem superstições. Imite tudo isso para que possas ter uma consciência tão boa quanto a dele quando chegar a sua última hora.

Retorne aos seus sentidos sóbrios e chame-se de volta; quando te despertaste do sono e percebeste que eram apenas sonhos que te perturbavam, agora em tuas horas de vigília olha para estas (as coisas a teu respeito) como olhaste para aquelas (os sonhos).

Eu sou um pequeno corpo e uma alma. Ora, para este corpinho todas as coisas são indiferentes, pois não é capaz de perceber as diferenças. Mas para o entendimento são indiferentes apenas aquelas coisas, que não são obras de sua própria atividade. Mas sejam quais forem as coisas que sejam obras de sua própria atividade, todas estão em seu poder. E destes, no entanto, apenas aqueles que são feitos com referência ao presente; pois quanto ao futuro e às atividades passadas da mente, mesmo estas são indiferentes para o presente.

Nem o trabalho que a mão faz nem o do pé são contrários à natureza, enquanto o pé trabalhar com o pé e a mão com a mão. Portanto, nem para um homem como homem seu trabalho é contrário à natureza, contanto que faça as coisas de um homem. Mas se o trabalho não é contrário à sua natureza, também não é um mal para ele.

Quantos prazeres foram desfrutados por ladrões e tiranos.

Não vês como os artesãos se acomodam até certo ponto àqueles que não são habilidosos em seu ofício — não obstante, eles se apegam à razão (os princípios) de sua arte e não suportam afastar-se dela? Não é estranho que o arquiteto e o médico respeitem mais a razão (os princípios) de suas próprias artes do que o homem à sua própria razão, que é comum a ele e aos deuses?

Ásia e Europa são cantos do universo; todo o mar uma gota no universo; Athos um pequeno torrão do universo; todo o tempo presente é um ponto na eternidade. Todas as coisas são pequenas, mutáveis, perecíveis. Todas as coisas vêm daí, desse poder dominante universal, procedendo diretamente ou por meio de uma sequência. E, consequentemente, as mandíbulas escancaradas do leão, e aquilo que é venenoso, e todas as coisas prejudiciais, como um espinho, como lama, são subprodutos do grande e belo. Não imagine então que eles são de outra espécie daquela que tu veneras, mas forme uma opinião justa sobre a fonte de tudo.

Aquele que viu as coisas presentes, viu tudo, tudo o que aconteceu desde toda a eternidade e tudo o que será para sempre; pois todas as coisas são do mesmo tipo e da mesma forma.

Frequentemente, considere a conexão de todas as coisas no universo e sua relação umas com as outras. Pois de uma maneira, todas as coisas estão implicadas umas com as outras, e todas desse modo são amigáveis umas com as outras; pois uma coisa vem em ordem após a outra, e isso é em virtude do movimento ativo e conspiração mútua e a unidade da substância.

Adapte-se às coisas nas quais foi lançada a sua sorte, e os homens entre os quais recebeste a tua parte, ame-os, mas faça-o verdadeiramente, com sinceridade.

Todo instrumento, ferramenta, vaso, se faz aquilo para o qual foi feito, está bem, mas aquele que o fez não está lá. Mas nas coisas que são mantidas juntas pela natureza está dentro e nelas reside o poder que as fez; portanto, mais convém reverenciar este poder e pensar que, se viveres e agires de acordo com a sua vontade, tudo em ti está em conformidade com a inteligência. E assim também no universo as coisas que pertencem a ele estão em conformidade com a inteligência.

Quaisquer que sejam as coisas que não estão em teu poder, tu deves supor como boas ou más para ti, deve necessariamente ser que, se tal coisa ruim acontecer a ti ou a perda de uma coisa boa, tu culparás os deuses, e odeia também os homens, aqueles que são a causa do infortúnio ou da perda, ou aqueles que são suspeitos de serem a causa; e, de fato, cometemos muitas injustiças, porque fazemos a diferença entre essas coisas. Mas se julgarmos apenas as coisas que estão em nosso poder como boas ou más, não resta razão para criticar Deus ou permanecer em uma atitude hostil para com o homem.

Estamos todos trabalhando juntos para um fim, alguns com conhecimento e design, e outros sem saber o que fazem; como homens também quando estão dormindo, de quem é Heráclito, penso, quem diz que eles são trabalhadores e cooperadores nas coisas que acontecem no universo. Mas os homens cooperam de diferentes modos, e mesmo aqueles que cooperam abundantemente, que criticam o que acontece e aqueles que tentam se opor e impedir; pois o universo precisava até mesmo de homens como esses. Resta então a ti entender entre que tipo de trabalhadores tu te colocas; pois aquele que governa todas as coisas certamente fará uso correto de ti e te receberá entre alguma parte dos cooperadores e daqueles cujos trabalhos conduzem a um fim. Mas não sejas um dos versos mesquinhos e ridículos da peça, de que fala Crisipo.

O sol se compromete a fazer o trabalho da chuva, ou Esculápio o trabalho do Frutífero (a terra)? E como é com relação a cada uma das estrelas, elas não são diferentes e ainda assim trabalham juntas para o mesmo fim?

Se os deuses determinaram sobre mim e sobre as coisas que devem acontecer comigo, eles determinaram bem, pois não é fácil nem mesmo imaginar uma divindade sem premeditação; quanto a me fazer mal, por que eles deveriam ter esse desejo? Pois que vantagem resultaria para eles disto ou para o todo, que é o objeto especial de sua providência? Mas se eles não determinaram sobre mim individualmente, certamente determinaram sobre o todo, pelo menos, e as coisas que acontecem por meio de sequência neste arranjo geral eu devo aceitar com prazer e me contentar com elas. Mas se eles determinam sobre nada — o que é mau acreditar, ou se nós acreditamos, não vamos sacrificar, orar, nem jurar por eles, nem fazer qualquer outra coisa que façamos como se os deuses estivessem presentes e vivessem conosco —, mas se, entretanto, os deuses não determinam sobre nenhuma das coisas que nos dizem respeito, posso determinar sobre mim mesmo e posso indagar sobre o que é útil;

isso é útil para todo homem que esteja de acordo com sua própria constituição e natureza. Mas minha natureza é racional e social; minha cidade e país, na medida em que sou Antonino, é Roma, mas na medida em que sou um homem, é o mundo. As coisas que são úteis para essas cidades são as únicas úteis para mim. Aconteça o que acontecer a cada homem, é do interesse do universal, isso pode ser suficiente. Mas, além disso, observarás isso também como uma verdade geral, se observar que tudo o que é lucrativo para qualquer homem é lucrativo também para outros homens. Mas deixe a palavra lucrativo ser entendida aqui no senso comum como dito de coisas de tipo intermediário, nem boas nem más.

Como acontece a ti no anfiteatro e em tais lugares, que a visão contínua das mesmas coisas e a uniformidade tornam o espetáculo cansativo, assim é em toda a vida; pois todas as coisas acima e abaixo são iguais.

Quanto tempo então?

Penses continuamente que todos os tipos de homens e de todos os tipos de perseguições e de todas as nações estão mortos, de modo que teus pensamentos vão até Filistion, Febo e Origanion. Agora volte teus pensamentos para os outros tipos de homens. Para aquele lugar, então, devemos nos retirar, onde há tantos grandes oradores e tantos nobres filósofos: Heráclito, Pitágoras, Sócrates; tantos heróis de dias anteriores, e tantos generais depois deles, e tiranos; além desses: Eudoxus, Hipparchus, Archimedes e outros homens de aguçados talentos naturais, grandes mentes, amantes do trabalho, versáteis, confiantes, zombadores até mesmo da vida perecível e efêmera do homem, como Menipo e outros semelhantes a ele. Quanto a todos estes, considerem que estão há muito tempo entre o pó. Que mal isso lhes causa; o que será para aqueles cujos nomes são totalmente desconhecidos? Uma coisa aqui vale muito, passar a vida em verdade e justiça, com uma disposição benevolente até para com os mentirosos e os homens injustos.

Quando desejas deleitar-se, pense nas virtudes daqueles que vivem contigo; por exemplo, a atividade de um e a modéstia de outro, e a liberalidade de um terceiro, e alguma outra boa qualidade de um quarto. Pois nada encanta tanto quanto os exemplos das virtudes, quando se manifestam na moral de quem vive conosco e se apresenta em abundância, na medida do possível. Portanto, devemos mantê-los diante de nós.

Tu não estás insatisfeito, suponho, porque pesas apenas alguns quilogramas e não trezentos. Não fique insatisfeito, então, porque deves viver apenas alguns anos e não mais; pois como tu estás satisfeito com a quantidade de substância que foi designada a ti, então fique contente com o tempo.

Vamos tentar persuadi-los (homens). Mas aja mesmo contra a vontade deles, quando os princípios da justiça conduzem dessa forma. Se, no entanto, qualquer homem, usando a força, se interpõe em teu caminho, dirige-te ao contentamento e à tranquilidade e, ao mesmo tempo, emprega o obstáculo para o exercício de alguma outra virtude; lembre-se de que sua tentativa foi com uma reserva, que não desejaste fazer impossibilidades. O que então desejas? Algum esforço como este. Mas tu alcanças o teu objetivo, se as coisas para as quais foste levado forem realizadas.

Aquele que ama a fama considera a atividade de outro homem como seu próprio bem; aquele que ama o prazer, suas próprias sensações; mas aquele que tem entendimento considera seus próprios atos como seu próprio bem.

Está em nosso poder não ter opinião sobre nada e não ser perturbado em nossa alma; pois as coisas em si não têm poder natural para formar nossos julgamentos.

Acostume-se a prestar atenção ao que é dito por outra pessoa e, tanto quanto possível, esteja na mente de quem fala.

O que não é bom para o enxame, também não é bom para a abelha.

Se os marinheiros abusassem do timoneiro ou o enfermo do médico, eles ouviriam outra pessoa; ou como poderia o timoneiro garantir a segurança de quem está no navio ou o médico a saúde de quem ele atende?

Para os ictéricos, o mel tem um sabor amargo, e para os mordidos por cães loucos, a água causa medo; para as crianças a bola é uma coisa boa. Por que então estou com raiva? Tu achas que uma opinião falsa tem menos poder do que a bile no ictérico ou o veneno naquele que é mordido por um cachorro louco?

Nenhum homem te impedirá de viver de acordo com a razão de tua própria natureza; nada acontecerá a ti contrário à razão da natureza universal.

Que tipo de pessoa são aquelas a quem os homens desejam agradar, com que objetivos e por que tipo de atos? Em quanto tempo o tempo cobrirá todas as coisas e quantas já cobriu.

LIVRO VII

O que é maldade? É o que tens visto com frequência. E, por ocasião de tudo o que acontecer, tenha isso em mente, que é isso que tens visto com frequência. Em toda parte, para cima e para baixo, encontrarás as mesmas coisas com as quais as velhas histórias estão repletas, aquelas da Idade Média e as de nossos dias; com as quais cidades e casas estão cheias agora. Não há nada de novo, todas as coisas são familiares e têm vida curta.

Como nossos princípios podem se tornar mortos, a menos que as impressões (pensamentos) que correspondem a eles sejam extintos? Mas está em teu poder continuamente inflamar esses pensamentos. Posso ter essa opinião sobre qualquer coisa que eu deva ter. Se eu posso, por que estou perturbado? As coisas que são externas à minha mente não têm nenhuma relação com a minha mente. Deixe que este seja o estado de teus afetos, e permaneças de pé. Recuperar tua vida está em teu poder. Olhe para as coisas novamente como costumavas olhar para elas; pois nisso consiste a recuperação da tua vida.

O trabalho ocioso do show, peças no palco, rebanhos de ovelhas, rebanhos, exercícios com lanças, um osso lançado para cachorrinhos, um pedaço de pão em tanques de peixes, trabalho de formigas e carregamento de cargas, corridas de pequenos ratos assustados, bonecos puxados por cordas — todos iguais. É teu dever, então, em meio a tais coisas, mostrar bom humor e não um ar orgulhoso; compreender, porém, que todo homem vale tanto quanto valem as coisas com que se ocupa.

No discurso, deves prestar atenção ao que é dito, e em cada movimento deves observar o que está acontecendo. E em um tu deves ver imediatamente a que fim se refere, mas no outro observe cuidadosamente o que é a coisa significada.

Minha compreensão é suficiente para isso ou não? Se for suficiente, eu o uso para o trabalho como um instrumento dado pela natureza universal. Mas, se não for suficiente, ou me aposento do trabalho e dou lugar àquele que é capaz de fazê-lo melhor, a menos que haja algum motivo pelo qual eu não deva fazê-lo; ou faço isso o melhor que posso, levando para me ajudar o homem que, com a ajuda de meu princípio regente, pode fazer o que agora é adequado e útil para o bem geral. Pois tudo o que eu posso fazer por mim ou por outrem, deve ser direcionado apenas para isso, para o que é útil e adequado à sociedade.

Quantos, depois de serem celebrados pela fama, foram entregues ao esquecimento; quantos que celebraram a fama de outros morreram há muito tempo.

Não tenha vergonha de ser ajudado; pois é teu dever cumprir teu dever como um soldado no ataque a uma cidade. Como então, se sendo coxo, não podes subir sozinho nas ameias, mas com a ajuda de outro é possível?

Não te perturbe as coisas futuras, pois virás a elas, se for necessário, tendo contigo a mesma razão que agora usas para as coisas presentes.

Todas as coisas estão relacionadas umas com as outras, e o vínculo é sagrado; dificilmente há algo desconectado de qualquer outra coisa. Pois as coisas foram coordenadas e se combinam para formar o mesmo universo (ordem). Pois há um universo feito de todas as coisas, e um Deus que permeia todas as coisas, e uma substância e uma lei, uma razão comum em todos os animais inteligentes e uma verdade; se de fato há também uma perfeição para todos os animais que são da mesma raça e participam da mesma razão.

Tudo o que é material logo desaparece na substância do todo; tudo o que é formal (causal) é logo levado de volta à razão universal; a memória de tudo logo se apaga no tempo.

Para o animal racional, o mesmo ato é de acordo com a natureza e de acordo com a razão.

Sê altivo ou torna-te altivo.

Assim como é com os membros daqueles corpos que estão unidos em um, o mesmo é com os seres racionais que existem separados, pois eles foram constituídos para uma cooperação. E a percepção disso será mais aparente para ti, se disseres frequentemente a ti mesmo que és um membro do sistema de seres racionais. Mas se disseres que és uma parte, ainda não amais os homens de coração; a beneficência ainda não te agrada por si mesma; tu ainda o fazes apenas por uma questão de decoro, e ainda não como fazendo o bem a ti mesmo.

Que caia externamente o que cairá sobre as partes que podem sentir os efeitos desta queda. Pois aquelas partes que sentiram reclamarão, se assim o desejarem. Mas eu, a menos que pense que o que aconteceu é um mal, não estou ferido. E está em meu poder não pensar assim.

O que quer que alguém faça ou diga, devo ser bom, como se o ouro, ou a esmeralda ou a púrpura estivessem sempre dizendo isso: "O que quer que alguém faça ou diga, devo ser esmeralda e manter minha cor".

A faculdade governante não se perturba; quer dizer, não se assusta nem causa dor a si mesma. Mas se alguém mais pode assustar ou doer, que o faça. Pois a própria faculdade, por sua própria opinião, não se tornará assim. Que o próprio corpo cuide, se puder, isto é, não sofra nada, e que fale, se sofrer. Mas a própria alma, aquilo que está sujeito ao medo, à dor, que tem todo o poder de formar uma opinião sobre essas coisas, não sofrerá nada, pois nunca se desviará em tal julgamento. O princípio dirigente em si mesmo não deseja nada, a menos que queira para si mesmo; e, portanto, é livre de perturbação e desimpedido, se não perturba e se impede.

Eudaemonia (felicidade) é um *daemon* bom, ou uma coisa boa. O que então estás fazendo aqui, ó imaginação? Vá embora, eu te suplico pelos deuses, como vieste, pois eu não te quero. Mas tu vieste de acordo com a tua velha moda. Não estou zangado contigo, apenas vá embora.

Alguém tem medo da mudança? Por que o que pode acontecer

sem mudança? O que então é mais agradável ou mais adequado à natureza universal? E podes ser nutrido, a menos que a comida sofra uma mudança? E qualquer outra coisa útil pode ser realizada sem mudanças? Não vês então que para ti também mudar é exatamente o mesmo, e igualmente necessário para a natureza universal?

Por meio da substância universal, como por uma torrente furiosa, todos os corpos são transportados, estando por sua natureza unidos e cooperando com o todo, como as partes de nosso corpo umas com as outras. Quantos Crisipo, quantos Sócrates, quantos Epicteto o tempo já engoliu? E deixe o mesmo pensamento ocorrer a ti com referência a todo homem e coisa.

Só uma coisa me perturba, para que eu não faça algo que a constituição do homem não permite, ou da maneira que não permite, ou o que não permite agora.

Perto está teu esquecimento de todas as coisas; perto do esquecimento de ti por todos.

É peculiar ao homem amar até mesmo aqueles que praticam o mal. E isso acontece, se quando eles erram, ocorre a ti que eles são parentes, e que eles cometem erros por ignorância e não intencionalmente, e que logo vocês dois morrerão; e, acima de tudo, que o malfeitor não te fez mal, pois não tornou a tua faculdade governante pior do que antes.

A natureza universal a partir da substância universal, como se fosse cera, agora molda um cavalo e, quando o quebra, usa o material para uma árvore, depois para um homem, depois para outra coisa; cada uma dessas coisas subsiste por muito pouco tempo. Mas não é difícil para o vaso ser quebrado, assim como não houve dificuldade em ser amarrado um ao outro.

Um olhar carrancudo não é natural; quando é frequentemente assumido, o resultado é que toda beleza morre e, por fim, é tão completamente extinta que não pode mais ser iluminada. Tente concluir a partir desse fato que é contrário à razão. Pois, se até mesmo a percepção de fazer o errado desaparecer, que razão haveria para continuar vivendo?

A natureza que governa o todo logo mudará todas as coisas que tu vês, e de sua substância fará outras coisas, e novamente outras coisas da substância delas, a fim de que o mundo seja sempre novo.

Quando um homem te fez qualquer mal, considere imediatamente com que opinião sobre o bem ou o mal ele fez de mal. Pois, quando tiveres visto isso, terás pena dele e não te maravilharás nem te zangarás. Pois, ou tu mesmo pensas ser boa a mesma coisa que ele ou outra coisa da mesma espécie. É teu dever perdoá-lo. Mas se tu não pensas que tais coisas sejam boas ou más, estarás mais prontamente disposto para com aquele que está errado.

Não penses tanto no que não tens quanto no que tens, mas nas coisas que selecionaste como as melhores, e então reflita quão ansiosamente elas teriam sido procuradas, se tu não as tivestes. Ao mesmo tempo, porém, tome cuidado para que, por estar tão satisfeito com eles, não se acostume a supervalorizá-los, de modo a ficar perturbado se não os tiver.

Retire-se para dentro de si mesmo. O princípio racional que rege tem esta natureza, que se contenta consigo mesmo quando faz o que é justo, e assim assegura a tranquilidade.

Limpe a imaginação. Pare de puxar as cordas. Limite-se ao presente. Entenda bem o que acontece contigo ou com outra pessoa. Divida e distribua cada objeto em causal (formal) e material. Pense em sua última hora. Que o mal que foi cometido por um homem permaneça onde o mal foi cometido.

Direcione tua atenção para o que é dito. Deixe o teu entendimento entrar nas coisas que estão fazendo e nas coisas que as fazem.

Adorna-te com simplicidade e modéstia e com indiferença para com as coisas que estão entre a virtude e o vício. Ame a humanidade. Siga a Deus. O poeta diz que o Direito tudo rege. E basta lembrar que o Direito tudo rege.

Sobre a morte: quer seja uma dispersão, ou uma resolução em átomos, ou aniquilação, é extinção ou mudança.

Sobre a dor: a dor que é insuportável nos leva embora; mas o que dura muito tempo é tolerável; a mente mantém sua própria tranquilidade retraindo-se para dentro de si mesma, e a faculdade governante não fica pior. Mas as partes que são prejudicadas pela dor, deixe-as, se puderem, dar sua opinião a respeito.

Sobre a fama: observes a mente daqueles que buscam a fama, observes o que eles são e que tipo de coisas eles evitam e que tipo de coisas eles perseguem. E consideres que, assim como os montes de areia empilhados uns sobre os outros escondem as antigas areias, da mesma forma na vida os eventos que vêm antes são logo cobertos pelos que vêm depois.

De Platão: o homem que tem uma mente elevada e tem uma visão de todo o tempo e de toda a substância, supões ser possível para ele pensar que a vida humana é algo grande? não é possível, disse ele. Tal homem então pensará que a morte também não é um mal. Certamente que não.

De Antístenes: é nobre fazer o bem e ser abusado. É uma coisa baixa para o semblante ser obediente e se regular e se compor conforme a mente comanda, e para a mente não ser regulada e composta por si mesma.

Não é certo nos irritarmos com as coisas, pois eles não se importam com isso.

Aos deuses imortais e a nós, dê alegria.

A vida deve ser colhida como as espigas de milho maduras: um homem nasce; outro morre.

Se os deuses não se importam comigo e com meus filhos, há uma razão para isso.

Pois o bom está comigo, e o justo.

Sem se juntar a outros em seus lamentos, sem emoção violenta.

De Platão: mas eu daria a este homem uma resposta suficiente, que é esta: tu não dizes bem, se pensas que um homem que é bom para qualquer coisa deveria calcular o risco de vida ou morte, e não deveria antes olhar a isso apenas em tudo o que ele faz, quer esteja fazendo o que é justo ou injusto, e nas obras de um homem bom ou mau.

Pois assim é, homens de Atenas, na verdade: onde quer que um homem se coloque pensando que é o melhor lugar para ele, ou tenha sido colocado por um comandante, ali em minha opinião ele deve ficar e suportar o perigo, sem levar nada no cômputo, seja a morte ou qualquer outra coisa, antes da vileza de abandonar seu posto.

Mas, meu bom amigo, reflita se o que é nobre e bom não é algo diferente de salvar e ser salvo; pois, quanto a um homem que vive tal ou tal época, pelo menos aquele que é realmente um homem, considere se isso não é uma coisa a ser descartada dos pensamentos, e não deve haver amor à vida, mas quanto a essas questões ao homem cabe confiá-los à divindade e acreditar no que as mulheres dizem, que nenhum homem pode escapar de seu destino, a próxima pergunta sendo como ele pode viver melhor o tempo que tem de viver.

Olhe ao redor para os cursos das estrelas, como se tu estivesses indo junto com eles; considerar constantemente as mudanças dos elementos uns nos outros; pois tais pensamentos purificam a sujeira da vida terrena.

Esta é uma bela frase de Platão: aqueles que discorre sobre os homens deve olhar também para as coisas terrenas como se as visse de algum lugar superior; deve olhar para eles em suas assembleias, exércitos, trabalhos agrícolas, casamentos, tratados, nascimentos, mortes, barulho dos tribunais de justiça, lugares desertos, várias nações de bárbaros, festas, lamentações, mercados, uma mistura de todas as coisas e uma ordem combinação de contrários.

Considere o passado; grandes mudanças de supremacia política. Podes prever também as coisas que serão. Pois eles certamente terão a mesma forma, e não é possível que se desviem da ordem das coisas que acontecem agora, de acordo com contemplar a vida humana por quarenta anos é o mesmo que contemplá-la por dez mil anos. Pois o que mais verás?

Aquilo que cresceu da terra para a terra, mas aquilo que brotou da semente celestial, de volta aos reinos celestiais retorna. Isso é uma dissolução da involução mútua dos átomos ou uma dispersão semelhante dos elementos não-sencientes.

Com comida e bebida e artes mágicas astutas transformando o

curso do canal para escapar da morte. Devemos suportar a brisa que o céu enviou, e labutar sem reclamar.

Outro pode ser mais especialista em lançar seu oponente; mas não é mais social, nem mais modesto, nem melhor disciplinado para enfrentar tudo o que acontece, nem mais atencioso com as faltas dos vizinhos.

Onde qualquer trabalho pode ser feito em conformidade com a razão que é comum aos deuses e aos homens, não temos nada a temer, pois onde podemos obter lucro por meio da atividade que é bem-sucedida e prossegue de acordo com nossa constituição, não há dano é para ser suspeitado.

Em todos os lugares e em todos os momentos, está em seu poder concordar piedosamente com sua condição atual e se comportar com justiça com aqueles que estão ao seu redor, e exercer sua habilidade em seus pensamentos presentes, para que nada se intrometa neles sem ser bem examinado.

Não olhe ao seu redor para descobrir os princípios regentes de outros homens, mas olhe diretamente para isto, para o que a natureza te conduz, tanto a natureza universal por meio das coisas que acontecem a ti, quanto a sua própria natureza por meio dos atos que devem ser feitos por ti. Mas todo ser deve fazer o que está de acordo com sua constituição; todas as outras coisas foram constituídas para o benefício dos seres racionais, assim como entre as coisas irracionais, o inferior para o benefício do superior, mas o racional para o benefício uns dos outros.

O princípio fundamental, então, na constituição do homem é o social. E o segundo é não ceder às persuasões do corpo, pois é função peculiar do movimento racional e inteligente circunscrever-se, e nunca ser dominado pelo movimento dos sentidos ou dos apetites, pois ambos são animais; mas o movimento inteligente reivindica superioridade e não se deixa dominar pelos demais. E com razão, pois é feito pela natureza o uso de todos eles. A terceira coisa na constituição racional é a liberdade de erro e engano. Deixe então o princípio governante apegado a essas coisas ir em frente e terá o que é seu.

Considere-se morto e que completou sua vida até o presente; viver de acordo com a natureza o resto que é permitido a ti.

Ame apenas aquilo que acontece contigo e é tecido com o fio de seu destino. Pois o que é mais adequado?

Em tudo o que acontece, mantém diante de teus olhos aqueles a quem as mesmas coisas aconteceram, e como eles foram contrariados, e os trataram como coisas estranhas, e os culparam; e agora, onde estão eles? Em lugar nenhum. Por que então tu também escolhes agir da mesma maneira? E por que não deixas essas agitações estranhas à natureza, para aqueles que as causam e para aqueles que são movidos por elas? E por que não estás totalmente empenhado na maneira correta de fazer uso das coisas que te acontecem? Pois então tu os usarás bem e eles serão um material para trabalhares. Apenas cuide de si mesmo e decida ser um bom homem em cada ação que fizer: e lembre-se... Olhar para dentro. Dentro está a fonte do bem, e ela sempre borbulhará, se tu cavares.

O corpo deve ser compacto e não apresentar irregularidades no movimento ou na atitude. Pois o que a mente mostra no rosto, mantendo nele a expressão de inteligência e propriedade, isso deve ser exigido também em todo o corpo. Mas todas essas coisas devem ser observadas sem afetação.

A arte da vida é mais parecida com a arte do lutador do que com a do dançarino, a esse respeito, que deve estar pronta e firme para enfrentar ataques repentinos e inesperados.

Observe constantemente quem são aqueles cuja aprovação desejas ter, e quais princípios regentes eles possuem. Pois então tu não culparás aqueles que ofendem involuntariamente, nem quererás sua aprovação, se olhares para as fontes de suas opiniões e apetites.

Cada alma, diz o filósofo, é involuntariamente privada da verdade; consequentemente, da mesma forma, é privada de justiça, temperança, benevolência e tudo o mais. É muito necessário ter isso constantemente em mente, pois assim serás mais gentil com todos.

Em cada dor esteja presente este pensamento, de que não há desonra nele, nem torna pior a inteligência governante, pois não prejudica a inteligência, nem na medida em que a inteligência é racional, nem na medida em que é social. Na verdade, no caso da maioria das dores, deixe esta observação de Epicuro te ajudar, que a dor não é intolerável nem eterna, se tiveres em mente que ela tem seus limites, e se não adicionares nada a ela na imaginação, e lembre-se disso também, que não percebemos que muitas coisas que nos são desagradáveis são o mesmo que dor, tal como sonolência excessiva e ser queimado pelo calor e não ter apetite. Então, quando estiver descontente com qualquer uma dessas coisas, diga a si mesmo que está cedendo à dor.

Tome cuidado para não sentir pelo desumano, como eles se sentem pelos homens. Como sabemos se Telauges não era superior em caráter a Sócrates? Pois não é suficiente que Sócrates tenha uma morte mais nobre, e disputado mais habilmente com os sofistas, e passasse a noite no frio com mais resistência, e que quando ele foi ordenado a prender Leão de Salamina, ele o considerou mais nobre para recusar, e que ele andou de forma arrogante pelas ruas — embora quanto a este fato possamos ter grandes dúvidas se era verdade. Mas devemos indagar, que tipo de alma era essa que Sócrates possuía, e se ele era capaz de se contentar em ser justo para com os homens e piedoso para com os deuses, nem indolentemente aborrecido por causa da vilania dos homens, nem ainda se tornando um escravo da ignorância de qualquer homem, nem recebendo como estranho nada que caísse em sua parte do universal, nem suportando-o como intolerável, nem permitindo que seu entendimento simpatizasse com os afetos da miserável carne.

A natureza não mesclou a inteligência com a composição do corpo, a ponto de não ter permitido a ti o poder de te circunscrever e de te sujeitar tudo o que é teu; pois é muito possível ser um homem divino e não ser reconhecido como tal por ninguém.

Sempre tenha isso em mente; outra coisa também, que muito pouco é realmente necessário para viver uma vida feliz. E porque desististe de te tornares um dialético e perito no conhecimento da natureza, por isso não renuncias à esperança de ser livre e modesto e sociável e obediente a Deus.

Está em seu poder viver livre de toda compulsão na maior tranquilidade de mente, mesmo se todo o mundo clamar contra ti tanto quanto eles escolherem, e mesmo se feras rasgarem em pedaços os membros desta matéria amassada que cresceu em torno de ti. Pois o que impede a mente em meio a tudo isso de manter-se na tranquilidade e no julgamento justo de todas as coisas circundantes e no uso pronto dos objetos que lhe são apresentados, para que o julgamento possa dizer o que cai sob sua observação: este és em substância (realidade), embora na opinião dos homens possas parecer ser de um tipo diferente; o uso dirá ao que cai sob a mão: tu és a coisa que eu estava procurando; pois para mim aquilo que se apresenta é sempre um material para a virtude racional e política e, em uma palavra, para o exercício da arte, que pertence ao homem ou a Deus. Pois tudo o que acontece tem uma relação com Deus ou com o homem, e não é nem novo nem difícil de manusear, mas normal e matéria apropriada para trabalhar.

A perfeição do caráter moral consiste em passar cada dia como o último e em não ser violentamente agitado, nem entorpecido, nem bancar o hipócrita.

Os deuses que são imortais não se incomodam porque, durante muito tempo, devem tolerar continuamente os homens como eles são, e muitos deles maus; além disso, eles também cuidam deles de todas as maneiras. Mas tu, que estás destinado a acabar tão cedo, estás cansado de suportar o mal, e isso também quando tu és um deles?

É uma coisa ridícula para um homem não fugir de sua própria maldade, o que é realmente possível, mas fugir da maldade dos outros, o que é impossível.

O que quer que a faculdade racional e política (social) considere não ser inteligente nem social, ela apropriadamente julga ser inferior a si mesma.

Quando tu fizeste uma boa ação e outra a recebeu, por que procuras uma terceira coisa além destas, como fazem os tolos, seja para ter a fama de ter praticado uma boa ação ou para obter um retorno?

Nenhum homem se cansa de receber o que é útil. Mas é útil agir de acordo com a natureza. Então, não se canse de receber o que é útil, fazendo-o aos outros.

A natureza moveu-se para criar o universo. Mas agora tudo o que acontece vem como consequência ou continuidade; mesmo as coisas principais para as quais o poder governante do universo dirige seu próprio movimento não são governadas por nenhum princípio racional. Se isso for lembrado, ficarás mais tranquilo em muitas coisas.

LIVRO VIII

Esta reflexão também tende a remover o desejo da fama vazia, de que não está mais em seu poder ter vivido toda a sua vida, ou pelo menos a sua vida desde a juventude para cima, como um filósofo; mas tanto para muitos outros como para ti mesmo é claro que estás longe da filosofia. Então caíste em desordem, de modo que não é mais fácil para ti obter a reputação de um filósofo; teu plano de vida também se opõe a isso. Então, se realmente viste onde está o problema, jogue fora o pensamento: "Como parecerás aos outros", fique contente se viveres o resto de sua vida da maneira que sua natureza desejar. Observe então o que ela deseja e não deixe nada mais te distrair; pois tu tens a experiência de muitas andanças sem ter encontrado a felicidade em qualquer lugar, nem em silogismos, nem em riqueza, nem em reputação, nem em gozo, nem em qualquer lugar. Onde está então? Em fazer o que a natureza do homem exige. Como então um homem deve fazer isso? Se ele tem princípios dos quais vêm seus afetos e seus atos. Quais princípios? As que dizem respeito ao bom e ao mau: a crença de que nada há de bom para o homem, o que não o torna justo, temperante, viril, livre; que não há nada de ruim, que não seja contrário ao que foi mencionado.

Na ocasião de cada ato, pergunte-se: como é isso com relação a mim? Devo me arrepender disso? Um pouco de tempo e estou morto, e tudo se foi. O que mais procuro, se o que estou fazendo agora é o trabalho de um vivente inteligente, e de um ser social, que está sob a mesma lei de Deus?

Alexandre e Gaius e Pompeius, o que são eles em comparação com Diógenes e Heráclito e Sócrates? Pois eles estavam familiarizados com as coisas e suas causas (formas), e seus assuntos, e os princípios regentes desses homens eram os mesmos. Mas, quanto aos outros, de quantas coisas eles deviam cuidar e de quantas coisas eles eram escravos?

Considere que os homens farão as mesmas coisas, ainda que percas seu controle.

Este é o principal: não se perturbe, pois todas as coisas estão de acordo com a natureza do universal; em pouco tempo não serás ninguém e em lugar nenhum, como Adriano e Augusto. Em seguida, tendo fixado teus olhos firmemente em teu negócio, olhe para ele, e ao mesmo tempo lembre-se de que é teu dever ser um homem bom, e o que a natureza do homem exige, faça isso sem se desviar; fala como te parece mais justo, só que seja com boa disposição e com modéstia e sem hipocrisia.

A natureza do universal tem este trabalho a fazer: remover para aquele lugar as coisas que estão nele, mudá-las, tirá-las daqui e levá-las para lá. Todas as coisas estão mudando, mas não precisamos temer nada de novo. Todas as coisas são familiares para nós; mas a distribuição deles ainda permanece a mesma.

Toda natureza se contenta consigo mesma quando segue bem seu caminho; uma natureza racional segue bem seu caminho, quando em seus pensamentos não concorda com nada falso ou incerto, e quando direciona seus movimentos apenas para atos sociais, e quando confina seus desejos e aversões às coisas que estão em seu poder, e quando está satisfeito com tudo o que lhe é atribuído pela natureza comum. Pois dessa natureza comum toda natureza particular é uma parte, assim como a natureza da folha é uma parte da natureza da planta; exceto que na planta a natureza da folha é parte de uma natureza que não tem percepção ou razão, e está sujeita a ser impedida; mas a natureza do homem é parte de uma natureza que não está sujeita a impedimentos, e é inteligente e justa, uma vez que dá a tudo em porções iguais e de acordo com seu valor, tempo, substância, causa (forma), atividade e incidente. Mas examine, não para descobrir que alguma coisa comparada com qualquer outra coisa é igual em todos os aspectos, mas juntando todas as partes de uma coisa e comparando-as com todas as partes juntas de outra.

Não tens lazer nem capacidade para ler. Mas tu tens lazer ou habilidade para conter a arrogância; tu tens lazer para ser superior ao prazer e à dor; tu tens lazer para ser superior ao amor à fama, e não te aborrecer com pessoas estúpidas e ingratas, ou melhor, até mesmo para cuidar delas.

Que nenhum homem mais te ouça criticando a vida da corte ou a tua.

O arrependimento é uma espécie de reprovação por ter negligenciado algo útil; mas o que é bom deve ser algo útil, e o homem perfeito e bom deve cuidar disso. Mas nenhum homem jamais se arrependeria de ter recusado qualquer prazer sexual. O prazer, então, não é bom nem útil.

Essa coisa, o que é em si mesma, em sua própria constituição? Qual é a sua substância e material? E qual é a sua natureza causal (ou forma)? E o que isso está fazendo no mundo? E quanto tempo isso subsiste?

Quando acordares com relutância, lembre-se de que é de acordo com a sua constituição e de acordo com a natureza humana realizar atos sociais, mas dormir é comum também para animais irracionais. Mas aquilo que está de acordo com a natureza de cada indivíduo é também mais peculiarmente seu, e mais adequado à sua natureza, e na verdade também mais agradável.

Constantemente e, se possível, por ocasião de cada impressão na alma, aplique a ela os princípios da Física, da Ética e da Dialética.

Qualquer que seja o homem com quem te encontrares, diga imediatamente a si mesmo: que opinião este homem tem sobre o bem e o mal? Pois se com respeito ao prazer e dor e as causas de cada um, e com respeito à fama e ignomínia, morte e vida, ele tem tais e tais opiniões, não me parecerá nada maravilhoso ou estranho se ele fizer tais e tais coisas; devo ter em mente que ele é obrigado a fazê-lo.

Lembre-se de que, assim como é uma pena ficar surpreso se a figueira produz figos, também é surpreendente se o mundo produz tais e tais coisas de que é produtivo; para o médico e o timoneiro é uma pena ficar surpreso, se um homem está com febre, ou se o vento é desfavorável.

Lembre-se de que mudar de opinião e seguir aquele que corrige o seu erro é tão consistente com a liberdade quanto persistir no seu erro. Pois é tua a atividade que é exercida de acordo com teu próprio movimento e julgamento e, na verdade, de acordo com tua própria compreensão também.

Se algo está em seu próprio poder, por que o faz? Mas se está nas mãos de outro, a quem tu culparias? Os átomos (chance) ou os deuses? Ambos são tolos. Não deves culpar ninguém. Pois se tu podes, corrija aquilo que é a causa; mas se não podes fazer isso, corrija pelo menos a coisa em si; mas se nem mesmo isso podes fazer, de que te serve encontrar defeito? Pois nada deve ser feito sem um propósito.

Aquilo que morreu não sai do universo. Se ficar aqui, também muda aqui e se dissolve em suas partes próprias, que são elementos do universo e de ti mesmo. E estes também mudam e não murmuram.

Tudo existe para algum fim, um cavalo, uma videira. Por que te perguntas? Até o sol dirá: "Sou com algum propósito, e o resto dos deuses dirão o mesmo". Para que propósito, então, tu queres? Desfrutar do prazer? Vejas se o bom senso permite isso.

A natureza teve em tudo, não menos para o fim do que para o início e a continuação, assim como o homem que lança uma bola. De que adianta então a bola ser lançada para cima, ou faz mal ela cair, ou mesmo ter caído? E de que adianta a bolha enquanto ela se mantém unida, ou que mal há quando ela estourou? O mesmo pode ser dito de uma luz também.

Vire (o corpo) do avesso e veja que tipo de coisa é; quando envelhece, em que tipo de coisa se torna, e quando está doente.

Os de vida curta são tanto o elogiador quanto o elogiado, o que lembra e o que é lembrado, e tudo isso em um recanto desta parte do mundo; nem mesmo aqui estão todos de acordo, não, ninguém consigo mesmo, e toda a terra também é um ponto.

Atende ao assunto que está diante de ti, seja uma opinião, um ato ou uma palavra.

Tu o toleras com justiça, pois preferes ser bom amanhã do que ser bom hoje.

Estou fazendo alguma coisa? Eu faço isso com referência ao bem da humanidade. Acontece alguma coisa comigo? Eu o recebo e me refiro aos deuses, e à fonte de todas as coisas, da qual tudo o que acontece é derivado.

Tal como o banho aparece para ti — óleo, suor, sujeira, água suja, todas as coisas nojentas —, assim são todas as partes da vida e tudo mais.

Lucila viu Vero morrer, e então Lucila morreu. Secunda viu Maximus morrer e depois Secunda morreu. Epitynchanus viu Diotimus morrer, e Epitynchanus morreu. Antoninus viu Faustina morrer, e então Antoninus morreu. Isso é tudo. Celer viu Hadrian morrer e, em seguida, Celer morreu. E aqueles homens perspicazes, videntes ou homens inflados de orgulho, onde estão eles? Por exemplo, os homens perspicazes, Charax e Demetrius, o platônico e Eudaemon, e qualquer outro como eles. Tudo efêmero, morto há muito tempo. Alguns realmente não foram lembrados nem mesmo por um curto período de tempo, e outros se tornaram os heróis das fábulas, e novamente outros desapareceram até mesmo das fábulas. Lembre-se disso então, que este pequeno composto, tu mesmo, deves ser dissolvido, ou teu mau hálito deves ser extinto, ou ser removido e colocado em outro lugar.

É uma satisfação para um homem fazer as obras próprias de um homem. Ora, é um trabalho apropriado de um homem ser benevolente com sua própria espécie, desprezar os movimentos dos sentidos, formar um julgamento justo das aparências plausíveis e fazer um levantamento da natureza do universo e das coisas que acontecerem nele.

Existem três relações entre ti e outras coisas: aquela com o corpo que te rodeia; a segunda, à causa divina da qual todas as coisas vêm a todos; a terceira, para aqueles que moram contigo.

A dor é um mal para o corpo — então deixe o corpo dizer o que pensa dele — ou para a alma; mas está no poder da alma manter sua própria serenidade e tranquilidade, e não pensar que a dor é um mal. Pois todo julgamento e movimento e desejo e aversão estão dentro, e nenhum mal ascende tão alto.

Limpe tua imaginação, dizendo frequentemente a ti mesmo: agora está em meu poder não permitir que nenhuma maldade esteja nesta alma, nem desejo, nem perturbação alguma; mas olhando para todas as coisas vejo qual é a sua natureza e uso cada uma de acordo com o seu valor. Lembra-te deste poder que tens da natureza.

Fale no Senado e com cada homem, seja ele quem for, apropriadamente, não com qualquer afetação: use um discurso claro.

A corte de Augusto: esposa, filha, descendentes, ancestrais, irmã, Agripa, parentes, íntimos, amigos, Areius, Mecenas, médicos e padres em sacrifício — toda a corte está morta. Em seguida, volte para o resto, não considerando a morte de um único homem, mas de uma raça inteira, como a de Pompéia; o que está inscrito nas tumbas: "O último de sua raça". Então, considere que problemas aqueles que os precederam tiveram para deixar um sucessor; então, que necessariamente alguém deve ser o último. Novamente, considere aqui a morte de uma raça inteira.

É seu dever organizar bem sua vida em cada ato; se todo ato cumpre seu dever, tanto quanto possível, fique contente; ninguém pode impedir-te de modo que cada ato não cumpra o seu dever.- Mas algo externo ficará no caminho. Nada o impedirá de agir com justiça, sobriedade e consideração. Mas talvez algum outro ativo o poder será prejudicado. Bem, mas por aquiescer ao obstáculo e por estar contente em transferir seus esforços para o que é permitido, outra oportunidade de ação é imediatamente colocada diante de ti no lugar daquela que foi prejudicada, e uma que se adaptará se a esse ordenamento de que estamos falando.

Receba riqueza ou prosperidade sem arrogância; esteja pronto para deixá-la ir.

Se tu já viste uma mão cortada, ou um pé, ou uma cabeça, em qualquer lugar separado do resto do corpo, tal se faz um homem, tanto quanto pode, que não está contente com o que acontece, e separa-se dos outros ou faz algo antissocial. Suponha que te separaste da unidade natural — pois foste feito pela natureza uma parte, mas agora te isolaste, mas aqui está esta bela provisão, que está em teu poder novamente unir-te a ti mesmo. Deus não permitiu que isso acontecesse a nenhuma outra parte, depois de ter sido separado e cortado em pedaços, para se reunir novamente. Mas considere a bondade pela qual ele distinguiu o homem, pois ele colocou em seu poder não se separar de forma alguma do universal; quando ele foi separado, ele permitiu que ele voltasse e se unisse e reassumisse seu lugar como parte.

Como a natureza do universal deu a cada ser racional todos os outros poderes que possui, também recebemos dele esse poder. Pois assim como a natureza universal converte e fixa em seu lugar predestinado tudo o que está no caminho e se opõe a ela, e torna tais coisas uma parte de si mesma, assim também o animal racional é capaz de tornar cada obstáculo seu próprio material e usá-lo para os fins que pode ter projetado.

Não se perturbe pensando em toda a sua vida. Não permitas que teus pensamentos abracem de uma vez todos os vários problemas que tu podes esperar que te sobrevenham, mas em cada ocasião pergunte a ti mesmo: o que há nisso que é intolerável e ultrapassado? Pois tu terás vergonha de confessar. No próximo lugar, lembre-se de que nem o futuro nem o passado te dói, mas apenas o presente. Mas isso é reduzido a muito pouco, se tu apenas o circunscrever, e reprimir tua mente, se ela for incapaz de resistir até mesmo a isso.

Pantéia ou Pérgamo agora estão sentados ao lado da tumba de Vero? Chaurias ou Diotimus estão sentados ao lado da tumba de Adriano? Isso seria ridículo. Bem, suponha que eles se sentassem lá, os mortos estariam cientes disso? E se os mortos estivessem conscientes, eles ficariam satisfeitos? E se eles ficassem satisfeitos, isso os tornaria imortais? Não era da ordem do destino que essas pessoas também se tornassem velhas e velhas e depois morressem? O que então aqueles fariam depois que estivessem mortos? Tudo isso é cheiro ruim.

Se podes ver com clareza, olhes e julgues com sabedoria, diz o filósofo.

Na constituição do animal racional, não vejo virtude que se oponha à justiça; mas vejo uma virtude que se opõe ao amor ao prazer, que é a temperança.

Se tiraste tua opinião sobre o que parece te causar dor, tu mesmo estarás em perfeita segurança. Quem é este eu? A razão. Mas eu não sou a razão. Seja assim. Que a própria razão não se preocupe. Mas se qualquer outra parte de ti sofre, que tenha sua própria opinião sobre si mesma.

O obstáculo às percepções dos sentidos é um mal para a natureza animal. O obstáculo aos movimentos (desejos) é igualmente um mal para a natureza animal. E outra coisa também é igualmente um impedimento e um mal para a constituição das plantas. Portanto, o que é um obstáculo para a inteligência é um mal para a natureza inteligente. Aplique todas essas coisas então a ti mesmo. A dor ou o prazer sensual te afetam? Os sentidos olharão para isso. Algum obstáculo se opôs a ti em seus esforços em direção a um objeto? Se de fato estavas fazendo este esforço absolutamente (incondicionalmente, ou sem qualquer reserva), certamente este obstáculo é um mal para ti, considerado um animal racional. Mas se levares em consideração o curso normal das coisas, tu ainda não foste ferido nem mesmo impedido. As coisas, entretanto, que são próprias ao entendimento, nenhum outro homem é usado para impedir, pois nem o fogo, nem o ferro, nem o tirano, nem o abuso, as tocam de forma alguma. Quando se torna uma esfera, continua uma esfera.

Não é adequado que eu deva causar dor a mim mesmo, pois nunca dei dor intencionalmente nem mesmo a outra pessoa.

Coisas diferentes encantam pessoas diferentes. Mas é meu prazer manter a faculdade governante sã, sem me afastar de nenhum homem ou de nenhuma das coisas que acontecem aos homens, mas olhando e recebendo tudo com olhos bem-vindos e usando tudo de acordo com seu valor.

Cuide para que tu mesmo garantisse este tempo presente, pois aqueles que preferem perseguir a fama póstuma, consideram que os homens de depois serão exatamente como aqueles que eles não podem suportar agora; ambos são mortais. E o que significa para ti se estes homens de depois proferem este ou aquele som, ou têm esta ou aquela opinião sobre ti?

Leve-me e lance-me onde quiser; pois lá devo manter minha parte divina tranquila, isto é, contente, se ela puder sentir e agir de acordo com sua constituição adequada. Essa mudança de lugar é razão suficiente para minha alma ficar infeliz e pior do que estava, deprimida, expandida, encolhida, assustada? E o que encontrarás que seja razão suficiente para isso?

Nada pode acontecer a qualquer homem que não seja um acidente humano, nem a um boi que não seja de acordo com a natureza de um boi, nem a uma videira que não seja de acordo com a natureza de uma videira, nem a uma pedra que não seja próprio de uma pedra. Se então acontecer a cada coisa o que é normal e natural, por que deverias reclamar? Pois a natureza comum não traz nada que não possa ser suportado por ti.

Se estás sofrendo por alguma coisa externa, não é isso que te perturba, mas o seu próprio julgamento sobre isso. E está em teu poder acabar com este julgamento agora. Mas se alguma coisa em tua própria disposição te causa dor, quem te impede de corrigir tua opinião? E mesmo se estiveres sofrendo por não estar fazendo alguma coisa em particular que te parece ser certa, por que não age antes de reclamar? Mas algum obstáculo insuperável está no caminho? Não se aflija então, porque a causa de não se fazer não depende de ti. Mas não vale a pena viver se isso não pode ser feito a vida contente, assim como morre aquele que está em plena atividade, e também satisfeito com as coisas que são obstáculos.

Lembre-se de que a faculdade regente é invencível, quando autocontrolada fica satisfeita consigo mesma, se não fizer nada que não queira fazer, mesmo que resista por mera obstinação. O que então será quando formar um julgamento sobre qualquer coisa auxiliado pela razão e deliberadamente?

Portanto, a mente que está livre de paixões é uma cidadela, pois o homem não tem nada mais seguro para onde possa voar, refúgio e para o futuro seja inexpugnável. Aquele então que não viu isso é um homem ignorante; mas quem viu e não voa para este refúgio fica infeliz.

Não diga nada mais a ti mesmo do que o que as primeiras aparições relatam. Suponha que foi relatado a ti que certa pessoa fala mal de ti. Isso foi relatado; mas que foste ferido, isso não foi relatado. Eu vejo que meu filho está doente. Vejo sim; mas que ele está em perigo, não vejo. Assim, então, sempre sigas as primeiras aparições, e não acrescentes nada de dentro, e então nada acontecerás a ti. Ou melhor, adiciones algo, como um homem que sabe tudo o que acontece no mundo.

O pepino é amargo. Jogue-o fora.- Há sarças no caminho. Afasta-te delas. Já chega. Não acrescente: e por que essas coisas foram feitas no mundo? Pois serás ridicularizado por um homem familiarizado com a natureza, como seria ridicularizado por um carpinteiro e sapateiro se encontrasse defeitos por ver em suas oficinas aparas das coisas que eles fazem. E ainda assim eles têm lugares onde podem jogar essas aparas, e a natureza universal não tem espaço externo; mas a parte maravilhosa de sua arte é que embora ela tenha se circunscrito, tudo dentro dela que parece decair e envelhecer e ser inútil, ela se transforma em si mesma, e novamente faz outras coisas novas a partir dessas mesmas, de modo que ela exige nem substância de fora, nem quer um lugar onde ela possa lançar aquilo que se deteriora. Ela se contenta então com seu próprio espaço, e sua própria matéria e sua própria arte.

Nem em tuas ações seja indolente, nem em tua conversa sem método, nem divagando em teus pensamentos, nem que haja em tua alma contenda interior nem efusão externa, nem esteja tão ocupado na vida a ponto de não ter lazer.

Suponha que os homens te matem, te cortem em pedaços, te amaldiçoem. O que então essas coisas podem fazer para impedir que tua mente permaneça pura, sábia, sóbria, justa? Por exemplo, se um homem fica ao lado de uma fonte límpida e pura e a amaldiçoa, a fonte nunca cessa de enviar água potável; se ele lançar argila ou sujeira nela, ela rapidamente os dispersará e lavará, e não será de forma alguma poluída. Como então possuirás uma fonte perpétua e não um mero poço? Formando-te a cada hora para a liberdade combinada com contentamento, simplicidade e modéstia.

Quem não sabe o que é o mundo não sabe onde está. E quem não sabe para que serve o mundo, não sabe quem é nem o que é o mundo. Mas aquele que falhou em qualquer uma dessas coisas não poderia nem mesmo dizer para que propósito ele existe. O que pensas então daquele que evita ou busca o elogio dos que aplaudem, dos homens que não sabem nem onde estão nem quem estão?

Desejas ser elogiado por um homem que se amaldiçoa três vezes a cada hora? Gostarias de agradar a um homem que não agrada a si mesmo? O homem que se arrepende de quase tudo o que faz agrada a si mesmo?

Não deixe mais sua respiração agir em harmonia com o ar que o cerca, mas deixe sua inteligência também agora estar em harmonia com a inteligência que abrange todas as coisas. Pois o poder inteligente não está menos difundido em todas as partes e permeia todas as coisas para aquele que está disposto a atraí-lo para ele do que o poder aéreo para aquele que é capaz de respirá-lo.

Geralmente, a maldade não causa nenhum dano ao universo; e, particularmente, a maldade de um homem não faz mal a outro. Só é prejudicial para aquele que está em seu poder libertar-se dele, assim que ele escolher.

Por minha própria vontade, o livre arbítrio de meu vizinho é tão indiferente quanto sua pobre respiração e carne. Pois embora sejamos feitos especialmente para o bem uns dos outros, ainda assim o poder governante de cada um de nós tem seu próprio cargo, pois de outra forma a maldade do meu vizinho seria meu dano, o que Deus não quis para que minha infelicidade não dependesse de outro.

O sol parece ter se derramado e, de fato, em todas as direções está difuso, embora não seja derramado. Pois esta difusão é extensão, consequentemente, seus raios são chamados de Extensões [*aktines*] porque são estendidos [*apo tou ekteinesthai*]. Mas alguém pode julgar que tipo de coisa é um raio, se ele olhar para a luz do sol passando por uma abertura estreita em uma sala escura, pois ela é estendida em uma linha reta e, por assim dizer, é dividida quando encontra qualquer corpo sólido que fica no caminho e intercepta o ar além; mas aí a luz permanece fixa e não desliza nem cai. Tal, então, deve ser o derramamento e a difusão do entendimento, e não deve de forma alguma ser uma efusão, mas uma extensão, e não deve fazer nenhuma colisão violenta ou impetuosa com os obstáculos que estão em seu caminho; nem caia ainda, mas fixa-se e ilumina aquele que o recebe. Pois um corpo se privará da iluminação, se não a admitir.

Aquele que teme a morte teme a perda de sensação ou um tipo diferente de sensação. Mas se não tiveres nenhuma sensação, também não sentirás nenhum dano; se adquirires outro tipo de sensação, serás um tipo diferente de ser vivo e não deixará de viver.

Os homens existem para o benefício uns dos outros. Ensine-os então ou tenha paciência com eles.

Por um lado, uma flecha se move, por outro, a mente. A mente, de fato, tanto quando exerce cautela quanto quando é empregada na investigação, segue em frente, não menos, e em direção ao seu objeto.

Entre na faculdade governante de cada homem; também que todos os outros homens entrem na tua.

LIVRO IX

Ele age injustamente, age impiamente. Pois uma vez que a natureza universal fez animais racionais para o benefício uns dos outros, para ajudarem uns aos outros de acordo com seus méritos, mas de forma alguma para prejudicar uns aos outros, aquele que transgrida sua vontade é claramente culpado de impiedade para com a divindade mais elevada. E também aquele que mente é culpado de impiedade para com a mesma divindade; pois a natureza universal é a natureza das coisas que existem; as coisas que existem têm uma relação com todas as coisas que vêm à existência. E, além disso, essa natureza universal é chamada de verdade, e é a causa primária de todas as coisas que são verdadeiras. Então, aquele que mente intencionalmente é culpado de impiedade na medida em que age injustamente enganando; também aquele que mente involuntariamente, na medida em que está em desacordo com a natureza universal, e na medida em que perturba a ordem lutando contra a natureza do mundo; pois ele luta contra aquele que é movido por si mesmo para o que é contrário à verdade, pois ele havia recebido poderes da natureza por meio da negligência dos quais ele agora não é capaz de distinguir a falsidade da verdade. E, de fato, aquele que busca o prazer como bom e evita a dor como o mal, é culpado de impiedade. Por necessidade, tal homem deve frequentemente criticar a natureza universal, alegando que ela atribui coisas ao mal e ao bem ao contrário de seus méritos, porque frequentemente os maus estão no gozo do prazer e possuem as coisas que buscam prazer, mas os bons têm dor por sua parte e as coisas que causam dor.

E, além disso, aquele que tem medo da dor, às vezes, também terá medo de algumas coisas que acontecerão no mundo, e até mesmo isso é impiedade. E aquele que busca o prazer não se absterá da injustiça, e isso é claramente impiedade. Agora, com respeito às coisas para as quais a natureza universal é igualmente afetada —

pois não teria feito ambos, a menos que fosse igualmente afetado por ambos — para aqueles que desejam seguir a natureza devem ser da mesma opinião com ela, e igualmente afetados. Com respeito à dor, então, e ao prazer, ou morte e vida, ou honra e desonra, que a natureza universal emprega igualmente, quem não é igualmente afetado está manifestamente agindo impiamente. E eu digo que a natureza universal os emprega igualmente, ao invés de dizer que eles acontecem igualmente para aqueles que são produzidos em série contínua e para aqueles que vêm depois deles em virtude de um certo movimento original da Providência, segundo o qual passou de um certo começo para esta ordem das coisas, tendo concebido certos princípios das coisas que deveriam ser, e tendo determinados poderes produtivos de seres e de mudanças e de sucessões semelhantes.

Seria o destino mais feliz de um homem partir da humanidade sem ter experimentado o gosto da mentira, da hipocrisia, do luxo e do orgulho. No entanto, respirar a própria vida quando um homem está farto dessas coisas é a próxima melhor viagem, como se costuma dizer. Estás determinado a permaneceres com o vício, e a experiência ainda não te induziu a fugir desta peste? Pois a destruição do entendimento é uma peste, muito mais do que qualquer corrupção e mudança desta atmosfera que nos rodeia. Pois essa corrupção é uma peste de animais, tanto quanto são animais; mas a outra é uma pestilência dos homens, na medida em que são homens.

Não despreze a morte, mas contente-se com ela, pois também é uma daquelas coisas que a natureza deseja. Pois tal como é ser jovem e envelhecer, e aumentar e atingir a maturidade, e ter dentes e barba e cabelos grisalhos, e gerar, e estar grávida e dar à luz, e todas as outras operações naturais que as estações da tua vida trazem, tal também é a dissolução. Isso, então, é consistente com o caráter de um homem reflexivo, de não ser descuidado, nem impaciente, nem desdenhoso em relação à morte, mas esperar por ela como uma das operações da natureza. Como tu agora esperas pela hora em que a criança sairá do ventre de tua esposa, então esteja pronto para a hora em que tua alma sairá deste invólucro. Mas se exigires também um tipo vulgar de conforto que alcance o teu coração, serás mais bem reconciliado com a morte observando os objetos dos quais serás removido e a moral daqueles com quem tua alma não mais existirá.

Pois não é certo ficar ofendido com os homens, mas é teu dever cuidar deles e ser gentil com eles; ainda lembrar que tua partida não será de homens que têm os mesmos princípios que tu. Pois esta é a única coisa, se é que existe, que nos pode conduzir ao contrário e nos ligar à vida, poder viver com aqueles que têm os mesmos princípios que nós. Mas agora vês quão grande é o problema que surge da discordância daqueles que vivem juntos, de modo que podes dizer: "Venha depressa, ó morte, para que porventura eu também não me esqueça de mim mesmo".

Aquele que faz o mal, faz o mal contra si mesmo. Quem age injustamente age injustamente consigo mesmo.

Muitas vezes age injustamente quem não faz uma certa coisa; não apenas aquele que faz determinada coisa.

Tua presente opinião fundada no entendimento, e tua conduta atual dirigida ao bem social, e tua presente disposição de contentamento com tudo o que acontece — isso é o suficiente.

Limpe a imaginação; verifique o desejo; extinga o apetite; mantenha a faculdade governante em seu próprio poder.

Entre os animais que não têm razão, uma vida é distribuída, mas entre os animais racionais, uma alma inteligente é distribuída, assim como há uma terra de todas as coisas que são de natureza terrestre, e vemos por uma luz e respiramos um só ar, todos nós que temos a faculdade de visão e tudo o que tem vida.

Todas as coisas que participam de algo que é comum a todas elas se movem em direção ao que é da mesma espécie com elas.

Tudo o que é terreno se volta para a terra, tudo o que é líquido flui junto, e tudo o que é do tipo aéreo faz o mesmo, de modo que precisam de algo para mantê-los separados e da aplicação de uma força. O fogo realmente se move para cima por causa do fogo elemental, mas está tão pronto para ser aceso junto com todo o fogo que está aqui, que mesmo toda substância que é um pouco seca, é facilmente inflamada, porque há menos mistura com ela daquela que é um obstáculo à ignição. Consequentemente, então, tudo também que participa da natureza inteligente comum se move da mesma maneira em direção àquilo que é da mesma espécie, ou se move ainda mais. Pois, por mais que seja superior em comparação com todas as outras coisas, no mesmo grau também está mais pronto para se misturar e se fundir com aquilo que lhe é semelhante.

Da mesma forma, entre os animais desprovidos de razão, encontramos enxames de abelhas e rebanhos de gado, e a criação de pássaros jovens e, de certa forma, amores; pois mesmo nos animais há almas, e aquele poder que as une é visto como exercendo-se em um grau superior, e de uma maneira como nunca foi observada nas plantas, nem nas pedras, nem nas árvores. Mas nos animais racionais existem comunidades políticas e amizades, e famílias e encontros de pessoas; guerras, tratados e armistícios. Mas nas coisas que ainda são superiores, embora estejam separadas umas das outras, existe unidade de uma maneira, como nas estrelas. Assim, a ascensão ao grau superior é capaz de produzir simpatia mesmo nas coisas que estão separadas. Veja, então, o que agora acontece. Pois apenas os animais inteligentes já se esqueceram desse desejo e inclinação mútuos, e somente neles a propriedade de fluir juntos não é vista. Mesmo assim, embora os homens se esforcem para evitar essa união, são apanhados e mantidos por ela, pois sua natureza é forte demais para eles; verás o que eu digo, se apenas observares. Mais cedo ou mais tarde, então, alguém encontrará algo terreno que não entre em contato com nada terreno, como um homem totalmente separado dos outros homens.

Tanto o homem como Deus e o universo produzem frutos; nas estações adequadas, cada um o produz. Mas se o uso fixou especialmente esses termos para a videira e coisas semelhantes, isso não é nada. A razão produz frutos para todos e para si mesma, e dela são produzidas outras coisas do mesmo tipo que a própria razão.

Se tu és capaz, corrija ensinando aqueles que erram; mas se não puderes, lembre-se de que a indulgência é dada a ti para este propósito. E os deuses também são indulgentes com essas pessoas; e, para alguns propósitos, eles até mesmo os ajudam a obter saúde, riqueza, reputação; tão gentis elas são. E também está em teu poder; ou diga, quem te impede?

Trabalhe não como um miserável, nem ainda como alguém que seria digno de pena ou admiração, mas dirige a tua vontade a uma só coisa: pôr-te em movimento e te controlar, como exige a razão social.

Hoje eu saí de todos os problemas, ou melhor, eliminei todos os problemas, pois não estava fora, mas dentro e em minhas opiniões.

Todas as coisas são iguais, familiares na experiência, efêmeras no tempo e sem valor nesta matéria. Tudo agora é como era no tempo daqueles que enterramos

As coisas estão fora de nós, por si mesmas, nada sabendo de si mesmas, nem expressando qualquer julgamento. O que é, então, que julga sobre eles? O corpo docente governante.

Não na passividade, mas na atividade residem o mau e o bem do animal social racional, assim como sua virtude e seu vício não residem na passividade, mas na atividade.

Pois a pedra que foi lançada para cima não faz mal em descer, nem mesmo nenhum bem em ser levantada.

Penetre nos princípios orientadores dos homens e verás de quais juízes tens medo e que tipo de juízes eles são de si mesmos.

Todas as coisas estão mudando, e tu mesmo estás em contínua mutação e de certa forma em contínua destruição, e todo o universo também.

É teu dever deixar o ato ilícito de outro homem onde está.

O término da atividade, a cessação do movimento e da opinião e, em certo sentido, sua morte, não é um mal. Volte seus pensamentos agora para a consideração de sua vida, sua vida como uma criança, como um jovem, sua masculinidade, sua velhice, pois nisso também toda mudança foi uma morte. Isso é algo a temer? Volte seus pensamentos agora para a sua vida sob o teu avô, então para a tua vida sob a tua mãe, então para a tua vida sob o teu pai; como encontras muitas outras diferenças e mudanças e terminações, pergunte-se: isso é algo a temer? Da mesma maneira, então, o término, a cessação e a mudança de toda a tua vida não são coisas para se temer.

Apresse-se a examinar a sua própria faculdade governante e a do universo e a do seu vizinho: a sua, para que possas torná-la justa; e a do universo, para que possas se lembrar de que és uma parte; a de teu próximo, para que saibas se ele agiu por ignorância ou com conhecimento, e que podes também considerar que sua faculdade de governo é semelhante à tua.

Como tu mesmo és uma parte componente de um sistema social, então permite que cada ato teu seja uma parte componente da vida social. Qualquer ato teu, então, não tem referência, nem imediata nem remotamente, a um fim social, isso dilacera tua vida, e não permite que seja um, e é da natureza de um motim, assim como quando em uma assembleia popular um o homem agindo por si mesmo está à parte do acordo geral.

Brigas de crianças e seus esportes, pobres espíritos carregando cadáveres, isso é tudo; assim o que é exibido na representação das mansões dos mortos atinge nossos olhos com mais clareza.

Examine a qualidade da forma de um objeto, separe-o totalmente de sua parte material e, então, contemple-o; então determine o tempo, o mais longo que uma coisa desta forma peculiar é feita para durar naturalmente.

Tens suportado infinitos problemas por não estar contente com tua faculdade governante, quando ela faz as coisas que a natureza é constituída para fazer. Mas chega disso.

Quando outro te culpa ou te odeia, ou quando os homens falam sobre ti qualquer coisa prejudicial, aproxime-se de suas pobres almas, penetre dentro e veja que tipo de homem eles são. Descobrirás que não há razão para se preocupar com o fato de que esses homens possam ter esta ou aquela opinião a seu respeito. No entanto, deves estar bem disposto para com eles, pois por natureza eles são amigos. E os deuses também os ajudam de todas as maneiras, por sonhos, por sinais, para a realização daquelas coisas para as quais eles definem um valor.

Os movimentos periódicos do universo são os mesmos, para cima e para baixo de era em era. E ou a inteligência universal se põe em movimento para cada efeito separado, e se assim for, fique contente com o que é o resultado de sua atividade; ou ele se põe em movimento uma vez, e tudo o mais vem por meio de uma sequência de uma maneira; ou elementos indivisíveis são a origem de todas as coisas. Em uma palavra, se há um deus, está tudo bem; se o acaso reina, não sejas governado por ele.

Em breve a Terra cobrirá a todos nós; então a Terra também mudará, e também as coisas que resultam da mudança continuarão a mudar para sempre, e estas novamente para sempre. Pois se um homem reflete sobre as mudanças e transformações que se sucedem como onda após onda e sua rapidez, ele desprezará tudo o que é perecível.

A causa universal é como uma torrente de inverno: carrega tudo consigo. Mas quão inúteis são todas essas pobres pessoas que estão engajadas em questões políticas e, como eles supõem, filosofando! Pois bem, homem, faça o que a natureza agora exige. Ponha-se em movimento, se estiver em seu poder, e não olhe ao seu redor para ver se alguém o observará; nem espere ainda a República de Platão, mas fique contente se a menor coisa correr bem, e considere tal evento como uma questão não pequena. Pois quem pode mudar as opiniões dos homens? E sem uma mudança de opinião, o que mais há senão a escravidão de homens que gemem enquanto fingem obedecer? Venha agora e me fale de Alexandre, Filipe e Demétrio de Phalerum. Eles próprios julgarão se descobriram o que a natureza comum exigia e se treinaram de acordo. Mas se eles agiram como heróis da tragédia, ninguém me condenou a imitá-los. Simples e modesto é o trabalho da filosofia. Não me desvies da indolência e do orgulho.

Olhe de cima para baixo, para as incontáveis manadas de homens e suas incontáveis solenidades, e as viagens infinitamente variadas em tempestades e calmas, e as diferenças entre aqueles que nascem, que vivem juntos e morrem. E considere, também, a vida vivida por outros em tempos antigos, e a vida daqueles que viverão depois de ti, e a vida agora vivida entre nações bárbaras, e quantos nem mesmo sabem o teu nome, e quantos logo o esquecerão, e como aqueles que talvez agora estão te elogiando, muito em breve te culparão, e que nem um nome póstumo tem qualquer valor, nem reputação, nem qualquer outra coisa.

Que haja liberdade de perturbações com respeito às coisas que vêm da causa externa; que haja justiça nas coisas feitas em virtude da causa interna, isto é, que haja movimento e ação terminando nisso, em atos sociais, pois isso é de acordo com tua natureza.

Podes remover do caminho muitas coisas inúteis entre aquelas que te perturbam, pois elas estão inteiramente em sua opinião; tu ganharás então para ti mesmo um amplo espaço compreendendo todo o universo em tua mente e contemplando a eternidade do tempo e observando a rápida mudança de todas as coisas, quão curto é o tempo do nascimento à dissolução, e o tempo ilimitado antes do nascimento, bem como o tempo igualmente ilimitado após a dissolução.

Tudo o que vês perecerá rapidamente, e aqueles que foram espectadores de sua dissolução perecerão muito em breve. E aquele que morre na mais extrema velhice será trazido à mesma condição daquele que morreu prematuramente.

Quais são os princípios de liderança desses homens e com que tipo de coisas eles estão ocupados e por que tipo de motivos eles amam e honram? Imagine que vês suas pobres almas expostas. Quando pensam que fazem mal com sua culpa ou bem com seus elogios, que ideia!

A perda nada mais é do que mudança. Mas a natureza universal se deleita com a mudança e, em obediência a ela, todas as coisas agora são bem feitas, e desde a eternidade têm sido feitas da mesma forma e assim o serão para sempre. O que, então, dizes? Que todas as coisas foram e todas as coisas sempre serão ruins, e que nenhum poder jamais foi encontrado em tantos deuses para retificar essas coisas, mas o mundo foi condenado a ser encontrado em nunca cessar o mal?

A podridão da matéria que está na base de tudo! Água, poeira, ossos, sujeira; ou ainda, rochas de mármore, as calosidades da terra; ouro e prata, os sedimentos; roupas, apenas pedaços de cabelo; corante púrpura, sangue; tudo o mais é do mesmo tipo. E o que é da natureza da respiração também é outra coisa do mesmo tipo, mudando disso para aquilo.

Chega dessa vida miserável e murmúrios e truques de macacos. Por que estás perturbado? O que há de novo nisso? O que te perturbas? É a forma da coisa? Olhe só. Ou é o problema? Olhe só. Mas, além disso, não há nada. Em direção aos deuses, então, agora finalmente se tornou mais simples e melhor. É a mesma coisa se examinarmos essas coisas por cem ou três anos.

Se alguém fez algo errado, o dano é seu. Mas talvez ele não tenha agido mal.

Ou todas as coisas procedem de uma fonte inteligente e vêm juntas como em um corpo, e a parte não deve encontrar falha no que é feito para o benefício do todo; ou existem apenas átomos, e nada mais do que mistura e dispersão. Por que, então, estás perturbado? Diga à faculdade governante: "Tu estás morto, estás corrompido, estás bancando o hipócrita, te tornaste uma besta, pastoreias e se alimenta com o resto?"

Ou os deuses não têm poder ou têm poder. Se, então, eles não têm poder, por que oras a eles? Mas se eles têm poder, por que não oras por eles para te dar a faculdade de não temer nenhuma das coisas que temes, ou de não desejar nenhuma das coisas que desejas, ou de não sofrer com nada, ao invés de orar para que alguma dessas coisas não aconteça ou aconteça? Pois certamente se eles podem cooperar com os homens, eles podem cooperar para esses propósitos. Mas talvez digas que os deuses os colocaram em seu poder. Bem, então, não é melhor usar o que está em seu poder como um homem livre do que desejar de uma forma servil e abjeta o que não está em seu poder? E quem te disse que os deuses não nos ajudam nem nas coisas que estão em nosso poder? Comece, então, a orar por tais coisas, e verás. Um homem ora assim: Como poderei deitar com aquela mulher? Orem assim: Como não desejarei deitar com ela? Outro ora assim: Como serei libertado disso? Outro ora:

Como não desejarei ser libertado? Outro assim: Como não perderei meu filhinho? Tu assim: Como não terei medo de perdê-lo? Em suma, dirija suas orações para este lado e veja o que acontece.

Epicuro diz: Na minha doença, minha conversa não era sobre meus sofrimentos corporais, nem, diz ele, falei sobre esses assuntos para aqueles que me visitaram; mas continuei a discorrer sobre a natureza das coisas como antes, mantendo este ponto principal, como a mente, enquanto participa de tais movimentos como ocorre na carne pobre, estará livre de perturbações e manterá seu devido bem. Nem eu, diz ele, dei aos médicos a oportunidade de colocarem olhares solenes, como se estivessem fazendo algo grande, mas minha vida transcorria bem e feliz. Faça, então, o mesmo que ele fez na doença, se estiveres doente, e em quaisquer outras circunstâncias; pois nunca abandonar a filosofia em quaisquer eventos que possam nos acontecer, nem manter conversas triviais, seja com um homem ignorante ou não familiarizado com a natureza, é um princípio de todas as escolas de filosofia; mas para se concentrar apenas naquilo que estás fazendo agora e no instrumento pelo qual tu o fazes.

Quando te ofenderes com a conduta sem-vergonha de qualquer homem, pergunte-se imediatamente: é possível, então, que homens sem-vergonha não estejam no mundo? Não é possível. Não exija, então, o que é impossível. Pois este homem também é um daqueles homens desavergonhados que necessariamente devem estar no mundo. Que as mesmas considerações estejam presentes em tua mente no caso do patife, do homem infiel e de todo homem que comete algum erro. Pois, ao mesmo tempo que te lembras de que é impossível que tal tipo de homem não exista, tu te tornas mais gentilmente disposto para com cada um individualmente. É útil perceber isso, também, imediatamente quando surge a ocasião, que virtude a natureza deu ao homem para se opor a todo ato ilícito. Pois ela deu ao homem, como um antídoto contra o homem estúpido, brandura, e contra outro tipo de homem algum outro poder. E em todos os casos é possível corrigir ensinando o homem que se extraviou; pois todo homem que erra perde seu objetivo e se extravia. Além de onde foste ferido? Pois descobrirás que ninguém entre aqueles contra quem estás irritado fez algo que pudesse piorar a tua mente; mas o que é mau para ti e prejudicial tem seu fundamento apenas na mente. E que mal é feito ou o que há de estranho, se o homem que não foi instruído faz os atos de um homem não instruído? Considere se não deveria antes culpar a si mesmo, porque não esperava que tal homem errasse dessa forma.

Pois tu tinhas os meios dados a ti pela tua razão para supor que era provável que ele cometeria este erro, e ainda assim te esqueceste e estás pasmo de que ele tenha errado. Mas, acima de tudo, quando culpas um homem como infiel ou ingrato, volte-se para ti mesmo. Pois a culpa é manifestamente tua, quer tu confias que um homem com tal disposição manterá a sua promessa, quer ao conferir tua bondade, tu não a conferiste de forma absoluta, nem ainda de maneira a ter recebido de teu próprio ato todo o lucro. Pois que mais queres quando tens prestado um serviço a um homem? Não estás contente por teres feito algo conforme a tua natureza e procuras ser pago por isso? Como se os olhos exigissem recompensa por ver, ou os pés por andar. Pois como esses membros são formados para um propósito particular, e trabalhando de acordo com suas várias constituições, obtêm o que é seu; assim também como o homem é formado pela natureza para atos de benevolência, quando ele fez algo benevolente ou de qualquer outra forma que conduza ao interesse comum, ele agiu de acordo com sua constituição, e ele obteve o que é seu.

LIVRO X

Queres, então, minha alma, nunca ser boa e simples e uma e nua, mais manifesta do que o corpo que te rodeia? Nunca desfrutarás de uma disposição afetuosa e contente? Nunca estarás satisfeita e sem necessidade de qualquer espécie, nada mais ansiando, nem desejando nada, seja animado ou inanimado, para o gozo dos prazeres? Nem ainda deseja um tempo em que tenha mais prazer, ou um lugar, ou um clima agradável, ou uma sociedade de homens com quem possa viver em harmonia? Mas ficarás satisfeita com tua condição presente e satisfeita com tudo o que está ao teu redor, e te convencerás de que tens tudo e que vem dos deuses, que tudo está bem para ti e ficará bem tudo o que lhe agradar eles, e tudo o que eles devem dar para a conservação do ser vivo perfeito, o bom, o justo e o belo, que gera e une todas as coisas, e contém e abrange todas as coisas que são dissolvidas para a produção de outras coisas semelhantes? Nunca serás de tal forma que morarás em comunidade com deuses e homens a ponto de não encontrar nenhuma falha neles, nem ser condenado por eles?

Observe o que sua natureza requer, na medida em que tu és governado apenas pela natureza; então faça e aceite, se sua natureza, na medida em que tu és um ser vivo, não deve ser agravada por ela.

E em seguida deves observar o que sua natureza requer, na medida em que tu és um ser vivo. E tudo isso tu podes permitir a ti mesmo, se tua natureza, na medida em que tu és um animal racional, não se tornar pior por isso. Mas o animal racional é, consequentemente, também um animal político (social). Use essas regras, então, e não se preocupe com mais nada.

Tudo o que acontece ou acontece de maneira que tu és formado pela natureza para suportá-lo, ou como tu não és formado pela natureza para suportá-lo. Se, então, acontecer a ti de tal maneira que foste formado pela natureza para suportá-lo, não reclame, mas carregue-o como foste formado pela natureza para suportá-lo. Mas se acontecer de tal maneira que tu não és formado pela natureza para suportá-lo, não se queixe, pois ele perecerá depois de te consumir. Lembre-se, no entanto, de que foste formado pela natureza para suportar tudo, em relação ao qual depende de sua própria opinião torná-lo suportável e tolerável, por pensar que é do seu interesse ou do seu dever fazer isso.

Se um homem estiver errado, instrua-o gentilmente e mostre-lhe seu erro. Mas se não és capaz, culpe a si mesmo, ou culpe nem mesmo a si mesmo.

Aconteça o que acontecer a ti, foi preparado para ti desde toda a eternidade; a implicação das causas foi desde a eternidade tecendo o fio do teu ser e daquilo que lhe incide.

Quer o universo seja um aglomerado de átomos ou a natureza um sistema, deixe-se estabelecer primeiro que sou uma parte do todo que é governado pela natureza; a seguir, estou intimamente relacionado com as partes que são da mesma espécie comigo. Pois, lembrando-me disso, visto que sou uma parte, não ficarei descontente com nenhuma das coisas que me são designadas do todo; pois nada é prejudicial à parte, se for para o benefício do todo. Pois o todo não contém nada que não seja para sua vantagem; todas as naturezas, de fato, têm esse princípio comum, mas a natureza do universo também tem esse princípio, de que não pode ser compelida, mesmo por qualquer causa externa, a gerar qualquer coisa prejudicial a si mesma. Lembrando, então, que sou parte de tal todo, ficarei contente com tudo o que acontece.

E na medida em que estou intimamente relacionado com as partes que são da mesma espécie comigo, não farei nada antissocial, mas antes devo dirigir-me às coisas que são da mesma espécie comigo, e irei voltar meus esforços para o interesse comum, e desviá-los do contrário. Agora, se essas coisas são feitas assim, a vida deve fluir felizmente, assim como podes observar que a vida de um cidadão é feliz, que continua um curso de ação que é vantajoso para seus concidadãos e está satisfeito com o que quer que seja atribuido a ele.

As partes do todo, tudo, quero dizer, que é naturalmente compreendido no universo, deve necessariamente perecer; mas que seja entendido neste sentido, que eles devem passar por mudanças. Mas se isso é naturalmente um mal e uma necessidade para as partes, o todo não continuaria a existir em boas condições, as partes sendo sujeitas a mudanças e constituídas para perecer de várias maneiras. Pois se a própria natureza planejou fazer o mal às coisas que são partes dela, e torná-las sujeitas ao mal e necessariamente cair no mal, ou tais resultados aconteceram sem ela saber? Ambas as suposições, de fato, são incríveis. Mas se um homem abandonasse o termo Natureza (como um poder eficiente), e falasse dessas coisas como naturais, mesmo então seria ridículo afirmar ao mesmo tempo que as partes do todo estão em sua natureza sujeitas a mudar e, ao mesmo tempo, ficar surpreso ou vexado como se algo estivesse acontecendo ao contrário da natureza, particularmente porque a dissolução das coisas é naquelas coisas de que cada coisa é composta. Pois há uma dispersão dos elementos a partir dos quais tudo foi composto, ou uma mudança do sólido para o terreno e para o aéreo, de modo que essas partes são levadas de volta à razão universal, seja que estas em certo períodos são consumidos pelo fogo ou renovados por mudanças eternas. E não imagine que a parte sólida e a parte aérea te pertencem desde o tempo da geração. Pois tudo isso recebeu seu acréscimo apenas ontem e na véspera, como se pode dizer, da comida e do ar que é inspirado. Isso, então, que recebeu o acréscimo, muda, não o que tua mãe deu à luz. Mas suponha que isso que tua mãe gerou te implique muito com aquela outra parte, que tem a qualidade peculiar de mudança, isso não é nada de fato como objeção ao que é dito.

Quando tiveres assumido esses nomes: bom, modesto, verdadeiro, racional, um homem equânime e magnânimo, cuida para não mudar esses nomes; se tu perdê-los, volte rapidamente para eles. E lembre-se de que o termo Racional tinha a intenção de significar uma atenção discriminatória a todas as várias coisas e isenção de negligência; essa Equanimidade é a aceitação voluntária das coisas que são atribuídas a ti pela natureza comum; essa Magnanimidade é a elevação da parte inteligente acima das sensações prazerosas ou dolorosas da carne, e acima daquela pobre coisa chamada fama, e morte, e todas essas coisas. Se, então, tu te manteres na posse desses nomes, sem desejar ser chamado por esses nomes por outros, tu serás outra pessoa e entrará em outra vida. Pois continuar a ser como tens sido até agora, e ser despedaçado e contaminado em tal vida, é o caráter de um homem muito estúpido e um apaixonado por sua vida, e como aqueles lutadores meio devorados com feras, que embora cobertos de feridas e sangue, ainda tentam ser guardados para o dia seguinte, embora sejam expostos no mesmo estado às mesmas garras e mordidas. Portanto, fixe-se na posse destes poucos nomes, e se és capaz de permanecer neles, permaneça como se tivesse sido removido para certas ilhas dos Felizes. Mas se perceberes que está caindo fora deles e não mantém o seu domínio, vá corajosamente para algum canto onde tu os manterá, ou mesmo parta imediatamente da vida, não em paixão, mas com simplicidade e liberdade e modéstia, depois fazendo uma coisa louvável pelo menos em tua vida, ter saído dela assim. Para, no entanto, a lembrança desses nomes, será de grande ajuda se tu se lembrares dos deuses, e que eles não desejam ser lisonjeados, mas desejam que todos os seres racionais sejam feitos como eles; tu se lembrares que o que faz o trabalho de uma figueira é uma figueira, e que o que faz o trabalho de um cachorro é um cachorro, e que o que faz o trabalho de uma abelha é uma abelha, e que o que faz a obra de um homem é um homem.

Guerra, espanto, torpor, escravidão, destruirão diariamente aqueles teus sagrados princípios. Quantas coisas sem estudar a natureza imaginas, e quantas negligencias? Mas é teu dever olhar e fazer tudo, de modo que, ao mesmo tempo, o poder de lidar com as circunstâncias seja aperfeiçoado e a faculdade contemplativa seja exercida, e a confiança que vem do conhecimento de cada uma das várias coisas é mantida sem mostrá-la, mas ainda não escondida. Pois quando tu desfrutares da simplicidade, quando a gravidade, e quando o conhecimento de todas as várias coisas, tanto o que é em substância e que lugar tem no universo, e por quanto tempo é formado para existir e de quais coisas é composto, e a quem ela pode pertencer, e quem pode tanto dá-la como tirá-la?

Uma aranha se orgulha quando pega uma mosca, outra quando pega uma pobre lebre, outra quando pega um peixinho na rede, outra quando pega javalis e outra quando pega ursos, e outro quando ele tiver tomado sármatas. Não são esses ladrões, se tu examinas suas opiniões?

Adquira a maneira contemplativa de ver como todas as coisas se transformam umas nas outras, preste atenção a isso constantemente e exercite-se sobre essa parte da filosofia. Pois nada é tão adaptado para produzir magnanimidade. Tal homem abandonou o corpo, e como ele vê que deve, ninguém sabe quando, sair do meio dos homens e deixar tudo aqui, ele se entrega inteiramente a apenas fazer em todas as suas ações, e em tudo o mais isso acontece ele se resigna à natureza universal. Mas quanto ao que qualquer homem deve dizer ou pensar sobre ele ou fazer contra ele, ele nunca pensa nisso, estando ele mesmo contente com essas duas coisas, em agir com justiça no que ele agora faz, e estando satisfeito com o que agora é atribuído a ele; ele deixa de lado todas as ocupações que o distraem e ocupadas, e não deseja nada mais do que cumprir o curso reto através da lei, e por cumprir o curso reto de seguir a Deus.

Que necessidade há de medo suspeito, visto que está em seu poder perguntar o que deve ser feito? E se tu vês claramente, segue por este caminho contente, sem voltar atrás, mas se tu não vês claramente, pare e leve os melhores conselheiros. Mas se qualquer outra coisa se opõe a ti, prossiga de acordo com teus poderes com a devida consideração, mantendo o que parece ser justo. Pois é melhor alcançar este objetivo, e se tu falhares, deixe o seu fracasso em tentar isso. Aquele que segue a razão em todas as coisas é ao mesmo tempo tranquilo e ativo, e também alegre e controlado.

Pergunta a ti mesmo, assim que acordares do sono, se te fará alguma diferença se alguém fizer o que é justo e correto. Não fará diferença.

Suponho que não te esqueceste que aqueles que assumem ares arrogantes ao elogiar ou culpar os outros são assim em todos os aspectos, e não te esqueceste do que fazem, do que evitam e do que perseguem, e como roubam, não com as mãos e os pés, mas com sua parte mais valiosa, por meio da qual se produz, quando um homem escolhe, fidelidade, modéstia, verdade, lei, um *daemon* bom (felicidade)?

Àquela que dá e recebe de volta, à natureza o homem instruído e modesto diz: dê o que quiseres; pegue de volta o que tu queres. E ele diz isso não com orgulho, mas obedientemente e bem satisfeito com ela.

Curto é o pouco que te resta da vida. Viva como numa montanha. Pois não faz diferença se um homem vive lá ou aqui, se ele vive em todo o mundo como em um estado (comunidade política). Deixe os homens verem, deixe-os conhecer um homem real que vive de acordo com a natureza. Se eles não podem suportá-lo, deixe-os matá-lo. Pois isso é melhor do que viver assim como os homens vivem.

Não fale mais sobre o tipo de homem que um homem bom deve ser, mas seja.

Contemple constantemente todo o tempo e toda a substância, e considere que todas as coisas individuais, quanto à substância, são um grão de figo, e quanto ao tempo, o virar de uma verruga.

Olhe para tudo o que existe, e observe que já está em dissolução e em mudança, e como se estivesse em putrefação ou dispersão, ou que tudo é constituído pela natureza a ponto de morrer.

Considere o que os homens são quando estão comendo, dormindo, gerando, relaxando e assim por diante. Então, que tipo de homem eles são quando são imperiosos e arrogantes, ou zangados e repreendendo de sua posição elevada. Mas há pouco tempo para quantos eram escravos e para que coisas; depois de algum tempo, considere em que condição eles estarão.

Isso é para o bem de cada coisa, que a natureza universal traz a cada um. E é para o seu bem no momento em que a natureza o traz.

A terra adora a chuva; o éter solene ama; e o universo ama fazer tudo o que está para ser. Digo então ao universo, que amo como tu amas. E não é dito também que isto ou aquilo ama (não vai) ser produzido?

Ou tu vives aqui e já te habituaste a isso, ou vais embora e esta foi a tua própria vontade; ou estás morrendo e cumpriu o seu dever. Mas, além dessas coisas, não há nada. Tenha bom ânimo, então.

Que isto sempre fique claro para ti, que este pedaço de terra é como qualquer outro; que todas as coisas aqui são iguais às coisas no topo de uma montanha, ou na costa do mar, ou onde quer que escolhas estar. Pois tu encontrarás exatamente o que Platão diz, morando dentro das muralhas de uma cidade como no redil de um pastor na montanha.

Qual é a minha faculdade governante agora para mim? E de que natureza estou fazendo isso agora? E com que propósito estou usando agora? É vazio de compreensão? É solto e arrancado da vida social? É fundido e misturado com a carne pobre de modo a se mover junto com ela?

Aquele que foge de seu mestre é um fugitivo; mas a lei domina, e quem foge infringe a lei. E também aquele que está aflito, zangado ou com medo, está insatisfeito porque algo foi, é ou será das coisas que são designadas por aquele que governa todas as coisas, e ele é a Lei, e atribui a cada homem o que é adequado. Aquele então que teme ou está aflito ou com raiva é um fugitivo.

O homem deposita a semente no útero e vai embora, e então outra causa a pega, trabalha nela e faz um filho. Que coisa de tal material! Mais uma vez, a criança passa o alimento pela garganta, e então outra causa o pega e faz a percepção e o movimento, e na vida boa e força e outras coisas; quão estranhamente eu observo então as coisas que são produzidas de forma oculta, e vejo o poder assim como vemos o poder que leva as coisas para baixo e para cima, não com os olhos, mas ainda não menos claramente.

Considere constantemente como todas as coisas tais como são agora, no passado também foram; considere que elas serão as mesmas novamente. E coloca diante de teus olhos dramas inteiros e estágios da mesma forma, tudo o que tens aprendido de tua experiência ou de uma história mais antiga; por exemplo, toda a corte de Adriano, e toda a corte de Antonino, e toda a corte de Filipe, Alexandre, Creso; pois todos esses foram os dramas que vemos agora, apenas com atores diferentes.

Imagine todo homem que está aflito com alguma coisa ou insatisfeito para ser como um porco que é sacrificado e chuta e grita.

Como este porco também é aquele que em sua cama, em silêncio, lamenta os grilhões em que estamos presos. E considere que somente ao animal racional é dado seguir voluntariamente o que acontece; mas simplesmente seguir é uma necessidade imposta a todos.

Severamente, por ocasião de tudo o que tu fazes, pare e pergunte a si mesmo se a morte é uma coisa terrível porque ela te priva disso.

Quando fores ofendido pela culpa de qualquer homem, volta-te imediatamente para ti e reflete da mesma maneira que tu erras; por exemplo, em pensar que o dinheiro é uma coisa boa, ou prazer, ou um pouco de reputação e coisas do gênero. Pois, atendendo a isso, tu rapidamente esquecerás tua ira, se esta consideração também for acrescentada, de que o homem é compelido, pois o que mais ele poderia fazer? Ou, se fores capaz, tires dele a compulsão.

Quando tiveres visto Sátiro, o Socrático, penses em Eutiques ou Hímen, e quando tiveres visto Eufrates, penses em Eutíquio ou Silvano, e quando tiveres visto Alcifron, pensas em Tropaeóforo, e quando tiveres visto Xenofonte, pensas em Crito ou Severo, e quando olhares para ti mesmo, pensas em qualquer outro César e, no caso de cada um, faças o mesmo. Então, deixe este pensamento estar em sua mente: onde então estão aqueles homens? Em lugar nenhum, ou ninguém sabe onde. Pois assim continuamente tu olharás para as coisas humanas como fumaça e nada; especialmente se tu refletes ao mesmo tempo que o que uma vez mudou nunca mais existirá na duração infinita do tempo. Mas tu, em que breve espaço de tempo está tua existência? E por que não te contentas em passar por esse curto período de maneira ordeira? Que assunto e oportunidade para tua atividade estás evitando? Pois o que mais são todas essas coisas, exceto exercícios para a razão, quando ela viu cuidadosamente e pelo exame de sua natureza as coisas que acontecem na vida? Persevere então até que tenhas feito estas coisas tuas, como o estômago que é fortalecido faz todas as coisas tuas, como o fogo ardente faz chama e resplandece de tudo que é jogado nele.

Não esteja no poder de nenhum homem dizer verdadeiramente a seu respeito que não és simples ou que não és bom; mas seja mentiroso todo aquele que pensar algo semelhante a seu respeito; isso está totalmente em seu poder. Pois quem é aquele que te impedirá de ser bom e simples? Apenas determine não viver mais, a menos que sejas tal. Pois a razão também não permite que vivas, se não é assim.

O que é aquilo que, quanto a este material (nossa vida), pode ser feito ou dito da maneira mais conforme à razão. Pois seja o que for, está em seu poder fazer ou dizer, e não dê desculpas de que está impedido. Tu não deixarás de lamentar até que tua mente esteja em tal uma condição que, o que é luxo para aqueles que desfrutam do prazer, tal será para ti, no assunto que é submetido e apresentado a ti, fazer as coisas que são conformes à constituição do homem; pois um homem deve considerar como um prazer tudo o que está em seu poder fazer de acordo com sua própria natureza. E está em seu poder em todos os lugares. Ora, não é dado a um cilindro mover-se por todo o lado com o seu próprio movimento, nem ainda à água, nem ao fogo, nem a qualquer outra coisa que seja governada pela natureza ou por uma alma irracional, pelas coisas que os detêm e os impedem são muitos. Mas a inteligência e a razão são capazes de passar por tudo o que lhes é oposto, e da maneira como são formadas pela natureza e como quiserem. Coloca diante de teus olhos esta facilidade com que a razão será levada por todas as coisas, como o fogo para cima, como uma pedra para baixo, como um cilindro descendo em uma superfície inclinada, e nada mais busque. Pois todos os outros obstáculos afetam apenas o corpo que está morto; ou, exceto por meio da opinião e da cedência da própria razão, eles não esmagam nem causam dano de qualquer espécie; pois se o fizessem, aquele que sentisse isso imediatamente se tornaria mau. Ora, no caso de todas as coisas que têm uma certa constituição, qualquer que seja o dano que possa acontecer a qualquer uma delas, o que é assim afetado torna-se consequentemente pior; mas, no caso semelhante, um homem se torna ao mesmo tempo melhor, se assim podemos dizer, e mais digno de elogio, fazendo um uso correto desses acidentes. E, por fim, lembre-se que nada prejudica aquele que é realmente cidadão, o que não prejudica o Estado; nem ainda prejudica o Estado, o que não prejudica a lei (ordem); dessas coisas que são chamadas de infortúnios, nenhuma fere a lei. O que então não prejudica a lei não prejudica nem o Estado nem o cidadão.

Para aquele que é penetrado por princípios verdadeiros, até mesmo o mais breve preceito é suficiente, e qualquer preceito comum, para lembrá-lo de que ele deve estar livre de tristeza e medo. Por exemplo: folhas, algumas o vento espalha pelo chão. Assim é a raça dos homens. As folhas também são teus filhos; folhas, também, são aqueles que clamam como se fossem dignos de crédito e dão seu louvor, ou pelo contrário, amaldiçoam, ou secretamente culpam e zombam; folhas, da mesma maneira, são aqueles que devem receber e transmitir a fama de um homem para o futuro. Pois todas essas coisas "são produzidas na estação da primavera", como diz o poeta; então o vento as derruba; então, a floresta produz outras folhas em seus lugares. Mas uma breve existência é comum a todas as coisas, e ainda assim, evitas e persegues todas as coisas como se fossem eternas. Um pouco e fecharás os olhos; aquele que te atendeu até o túmulo, outro logo lamentará.

O olho saudável deve ver todas as coisas visíveis e não dizer: desejo coisas verdes; pois esta é a condição de um olho doente. E a audição e o olfato saudáveis devem estar prontos para perceber tudo o que pode ser ouvido e cheirado. E o estômago saudável deve ser com respeito a todos os alimentos, assim como o moinho com respeito a todas as coisas que é formado para moer. E, consequentemente, o entendimento saudável deve ser preparado para tudo o que acontece; mas o que diz: deixem meus queridos filhos viverem e que todos os homens louvem tudo o que eu fizer; é um olho que busca coisas verdes, ou dentes que buscam coisas macias.

Não há homem tão afortunado que não haja por ele quando estiver morrendo alguém que esteja satisfeito com o que vai acontecer. Suponha que ele fosse um homem bom e sábio, não haverá afinal alguém para dizer a si mesmo: vamos finalmente respirar livremente, sendo aliviados desse homem? É verdade que não foi rude com nenhum de nós, mas percebi que nos condena tacitamente. Assim se diz de um homem bom. Mas, em nosso próprio caso, quantas outras coisas existem para as quais há muitos que desejam se livrar de nós. Considerarás isso então quando estiver morrendo, e partirás mais contente refletindo assim: estou saindo de tal vida, na qual até mesmo meus companheiros em nome de quem tanto me esforcei, orei e cuidei desejam que eu vá embora, na esperança de, porventura, obter alguma vantagem com isso.

Por que então um homem deveria se apegar a uma estadia mais longa aqui? Não, porém, por esta razão vá embora menos bem disposto para com eles, mas preservando o teu próprio caráter, e amigável e benevolente e brando, e por outro lado, não como se tivesses sido despedaçado; mas como quando um homem morre uma morte tranquila, a pobre alma é facilmente separada do corpo, assim também deve ser a tua partida dos homens, pois a natureza te uniu a eles e te associou. Mas ela agora dissolve a união. Bem, estou separado como de parentes, não porém arrastado resistindo, mas sem compulsão; pois esta também é uma das coisas de acordo com a natureza.

Acostuma-te tanto quanto possível, na ocasião de qualquer coisa sendo feita por qualquer pessoa, para perguntar a ti mesmo: com que objetivo este homem está fazendo isso? Mas comece consigo mesmo e examine-se primeiro.

Lembre-se de que o que puxa os cordões é o que está escondido dentro: este é o poder de persuasão, esta é a vida, isto, se assim se pode dizer, é o homem. Ao contemplar a si mesmo, nunca inclua o vaso que o cerca e os instrumentos que estão ligados a ele. Pois eles são como um machado, diferindo apenas no fato de que crescem até o corpo.

Pois, de fato, não há mais utilidade nessas partes sem a causa que as move e as detém do que na lançadeira do tecelão, na caneta do escritor e no chicote do motorista.

LIVRO XI

Essas são as propriedades da alma racional: ela se vê, se analisa e se faz conforme escolhe; goza do fruto que ela mesma produz — para os frutos das plantas e dos animais que correspondem aos frutos que os outros gozam —, obtém o seu fim, onde quer que o limite da vida possa ser fixado. Não como em uma dança e em uma peça e em coisas semelhantes, onde toda a ação é incompleta, se algo a interrompe; mas em todas as partes e onde quer que seja interrompido, ele torna o que foi colocado antes dele completo de modo que pode dizer, eu tenho o que é meu. E além disso, atravessa todo o universo, e o vácuo circundante, e examina sua forma, e se estende ao infinito do tempo, e abraça e compreende a renovação periódica de todas as coisas, e compreende que aqueles que vierem depois de nós não verão nada de novo, nem os que nos antecederam viram mais nada, mas de uma maneira que aquele que tem quarenta anos, se é que tem alguma compreensão, viu em virtude da uniformidade que prevalece todas as coisas que foram e tudo o que será. Também esta é uma propriedade da alma racional, o amor ao próximo, a verdade e a modéstia, e nada valorizar mais do que a si mesma, que também é propriedade do Direito. Portanto, a razão correta em nada difere da razão da justiça.

Darás pouco valor a canções e danças agradáveis e ao pancrácio, se distribuíres a melodia da voz em seus vários sons e te perguntas a cada um, se és dominado por isso; pois serás impedido pela vergonha de confessá-lo, e quanto à dança, se a cada movimento e atitude fizeres o mesmo; semelhantes também na questão do pancrácio. Em todas as coisas, então, exceto a virtude e os atos de virtude, lembre-se de aplicar-se às suas várias partes, e por esta divisão passar a valorizá-las pouco, e aplicar esta regra também a toda a sua vida.

Que alma aquela que está pronta, se a qualquer momento deve

ser separada do corpo, e pronta para se extinguir ou se dispersar ou continuar a existir; mas para que esta prontidão venha do próprio julgamento de um homem, não de mera obstinação, como com os cristãos, mas com consideração e dignidade e de forma a persuadir o outro, sem show trágico.

Fiz algo pelo interesse geral? Bem, então eu tive minha recompensa. Deixe que isso esteja sempre presente em sua mente e nunca pare de fazer esse bem.

Qual é a tua arte? Para ser bom. E como isso é bem realizado, exceto por princípios gerais, alguns sobre a natureza do universo e outros sobre a constituição adequada do homem?

No início, as tragédias foram trazidas ao palco como forma de lembrar aos homens as coisas que acontecem a eles, e que é natural que as coisas aconteçam, e que, se estás encantado com o que é mostrado no palco, não deves se preocupar com o que acontece no palco maior. Pois tu vês que essas coisas devem ser realizadas assim, e que até mesmo eles suportam aqueles que clamam "Ó Cithaeron". E, de fato, algumas coisas são ditas bem pelos escritores dramáticos, de que tipo é especialmente o seguinte: eu e meus filhos se os deuses negligenciarmos, isso também tem sua razão. E, novamente, não devemos nos atormentar com o que acontece. E a colheita da vida ceifa como a espiga frutífera do trigo. E outras coisas do mesmo tipo.

Depois da tragédia, foi introduzida a velha comédia, que tinha uma magistral liberdade de expressão e, por sua própria clareza de falar, era útil para lembrar os homens de se precaverem da insolência; também com esse propósito Diógenes costumava tirar desses escritores.

Mas quanto à comédia do meio que veio a seguir, observe o que era, e novamente, para que objetivo a nova comédia foi introduzida, que gradualmente se tornou um mero artifício de mímica. Que algumas coisas boas são ditas até mesmo por esses escritores, todo mundo sabe, mas todo o plano de tal poesia e dramaturgia, para que fim parece!

Quão claro parece que não há outra condição de vida tão adequada para filosofar como esta em que agora estás.

Um galho cortado do galho adjacente deve necessariamente ser cortado de toda a árvore. Da mesma forma, quando um homem está separado de outro homem, ele se afasta de toda a comunidade social. Já quanto a um galho, outro o corta, mas um homem por sua própria ação se separa de seu vizinho quando o odeia e se afasta dele, e ele não sabe que ao mesmo tempo se desligou do todo o sistema social. No entanto, ele tem esse privilégio certamente de Zeus que estruturou a sociedade, pois está em nosso poder crescer novamente para aquilo que está perto de nós, e tornar-se uma parte que ajuda a formar o todo.

No entanto, se isso acontece com frequência, esse tipo de separação, torna difícil que aquilo que se desprende seja trazido à unidade e seja restaurado à sua condição anterior. Por fim, o galho, que desde o início cresceu junto com a árvore, e continuou a ter uma vida com ela, não é como aquele que depois de cortado é enxertado, pois é algo como o que os jardineiros querem dizer quando dizem que ela cresce com o resto da árvore, mas não tem a mesma mente com ela.

Como aqueles que tentam ficar em seu caminho quando tu estás procedendo de acordo com a razão correta, não serão capazes de desviá-lo de sua ação apropriada, então não deixe que eles te afastem de seus sentimentos benevolentes em relação a eles, mas esteja igualmente em guarda em ambos os assuntos, não apenas na questão de julgamento e ação firmes, mas também na questão da gentileza para com aqueles que tentam atrapalhar ou perturbar de outra forma.

Pois isso também é uma fraqueza, ficar irritado com eles, bem como ser desviado de seu curso de ação e ceder por causa do medo; pois ambos são igualmente desertores de seu posto, o homem que o faz por medo e o homem que está alienado daquele que é por natureza um parente e amigo.

Não existe natureza inferior à arte, pois as artes imitam a natureza das coisas. Mas, se assim for, aquela natureza que é a mais perfeita e a mais abrangente de todas as naturezas não pode ficar aquém da habilidade da arte. Agora, todas as artes fazem as coisas inferiores por causa do superior; portanto, a natureza universal também o faz. E, de fato, daí é a origem da justiça, e na justiça as outras virtudes têm seu fundamento, pois a justiça não será observada, se nós cuidarmos das coisas intermediárias (coisas indiferentes), ou se formos facilmente enganados e descuidados e mutáveis.

Se as coisas não vierem a ti, as perseguições e evasões que te perturbam, ainda de certa forma tu irás até elas. Deixe então o teu julgamento sobre eles descansar, e eles permanecerão quietos, e não serás visto perseguindo ou evitando.

A forma esférica da alma mantém sua figura, quando não se estende a nenhum objeto, nem se contrai para dentro, nem se dispersa, nem se afunda, mas é iluminada pela luz, pela qual vê a verdade, a verdade de todas as coisas e a verdade isso está em si mesmo.

Suponha que qualquer homem deve me desprezar. Deixe que ele cuide disso sozinho. Mas olharei para isso, para que não seja descoberto fazendo ou dizendo algo que mereça desprezo. Será que algum homem vai me odiar? Deixe ele cuidar disso. Mas serei brando e benevolente com todos os homens, e pronto para mostrar até mesmo a ele seu erro, não como reprovação, nem ainda como uma exibição de minha resistência, mas nobre e honestamente, como o grande Phocion, a menos que ele realmente apenas o tenha assumido. Pois as partes internas devem ser assim, e o homem deve ser visto pelos deuses nem insatisfeito com nada, nem reclamando. Pois que mal é para ti, se tu estás agora fazendo o que é agradável à tua própria natureza, e estás satisfeito com aquilo que neste momento é adequado à natureza do universo, visto que tu és um ser humano colocado em teu posto em ordenar que o que é para o benefício comum possa ser feito de alguma forma?

Os homens se desprezam e se elogiam; os homens desejam erguer-se uns sobre os outros e agachar-se uns diante dos outros.

Quão insano e insincero é aquele que diz: "Decidi tratar contigo de maneira justa". O que estás fazendo, homem? Não há ocasião de fazer este aviso. Em breve se manifestará por meio de atos. A voz deve ser claramente escrita na testa. Tal como é o caráter de um homem, ele imediatamente o mostra em seus olhos, assim como aquele que é amado imediatamente lê tudo nos olhos dos amantes. O homem honesto e bom deve ser exatamente como aquele que cheira forte, de modo que o espectador, assim que se aproxima dele, sinta o cheiro, queira ou não. Mas a afetação da simplicidade é como uma vara torta. Nada é mais vergonhoso do que uma amizade lupina (falsa amizade). Evite isso acima de tudo. O bom, o simples e o benevolente mostram todas essas coisas nos olhos, e não há engano.

Quanto a viver da melhor maneira, esse poder está na alma, se for indiferente às coisas que são indiferentes. E será indiferente se olhar para cada uma dessas coisas separadamente e todas juntas, e se lembrar que nenhuma delas produz em nós uma opinião sobre si mesma, nem vem a nós; mas essas coisas permanecem imóveis, e somos nós mesmos que produzimos os julgamentos sobre elas e, como podemos dizer, as escrevemos em nós mesmos, estando em nosso poder não escrevê-las, e estando em nosso poder, se porventura estas os julgamentos têm admissão imperceptivelmente em nossas mentes, para eliminá-los; se nos lembrarmos também que essa atenção durará pouco tempo e então a vida chegará ao fim. Além disso, que problema há em fazer isso? Pois se essas coisas estão de acordo com a natureza, alegra-te com elas, e elas serão fáceis para ti; mas se for contrário à natureza, procura o que é conforme a tua própria natureza e esforça-te por isso, mesmo que não traga reputação; pois todo homem pode buscar o seu próprio bem.

Considere de onde cada coisa vem e em que consiste, em que muda e que tipo de coisa será quando mudar e não sofrerá nenhum dano.

Se alguém te ofendeu, considere primeiro: qual é a minha relação com os homens, e que fomos feitos um para o outro; em outro aspecto, fui criado para ser colocado sobre eles, como um carneiro sobre o rebanho ou um touro sobre o rebanho. Mas examine a questão desde os primeiros princípios, a partir deste: se todas as coisas não são meros átomos, é a natureza que ordena todas as coisas; se assim for, as coisas inferiores existem por causa do superior, e estas por causa de um outro.

Em segundo lugar, considere que tipo de homem eles são à mesa, na cama e assim por diante; e particularmente, sob que tipo de compulsão a respeito de opiniões eles são; quanto a seus atos, considere com que orgulho eles fazem o que fazem.

Terceiro, que se os homens fizerem bem o que fazem, não devemos ficar descontentes; mas se eles não fazem o que é certo, é claro que o fazem involuntariamente e por ignorância. Pois, como toda alma é involuntariamente privada da verdade, também ela é involuntariamente privada do poder de se comportar com cada homem de acordo com seus méritos. Consequentemente, os homens sofrem quando são chamados de injustos, ingratos e gananciosos e, em uma palavra, malfeitores de seus vizinhos.

Quarto, considere que tu também fazes muitas coisas erradas e que é um homem como os outros; mesmo que não se abstenhas de certas faltas, ainda assim tens a disposição de cometê-las, embora seja por covardia, ou preocupação com a reputação, ou algum motivo tão mesquinho, não se abstenhas de tais faltas.

Quinto, considere que tu nem mesmo entendes se os homens estão agindo errado ou não, pois muitas coisas são feitas com uma certa referência às circunstâncias. E, em suma, um homem deve aprender muito para que possa fazer um julgamento correto sobre os atos de outro homem.

Sexto, considere quando estás muito aborrecido ou triste, que a vida do homem é apenas um momento, e depois de um curto período de tempo, todos estaremos mortos.

Sétimo, que não são os atos dos homens que nos perturbam, pois esses atos têm seu fundamento nos princípios regentes dos homens, mas são nossas próprias opiniões que nos perturbam. Retire essas opiniões então, e decida rejeitar seu julgamento sobre um ato como se fosse algo doloroso, e sua raiva irá embora. Como então devo tirar essas opiniões? Por refletir que nenhum ato injusto de outra pessoa te envergonha, pois a menos que só o que é vergonhoso seja mau, tu também deves necessariamente fazer muitas coisas erradas e te tornar um ladrão e tudo mais.

Oitavo, considere quanta dor mais nos é causada pela raiva e irritação causadas por tais atos do que pelos próprios atos, pelos quais ficamos zangados e irritados.

Nono, considere que uma boa disposição é invencível, se for genuína, e não um sorriso afetado e desempenhando um papel. Pois o que o homem mais violento fará a ti, se tu continuar a ter uma disposição gentil para com ele, e se, conforme a oportunidade se oferece, gentilmente o admoesta e calmamente corrige seus erros no exato momento em que ele está tentando fazê-lo mal, dizendo: "Não é assim, meu filho, somos constituídos por natureza para outra coisa, certamente não serei ferido, mas tu estás a ferir a ti mesmo, meu filho". E mostra-lhe com tato gentil e pelos princípios gerais que é assim, e que mesmo as abelhas não agem como ele, nem quaisquer animais que são formados pela natureza para serem gregários. E tu deves fazer isso sem nenhum duplo sentido, nem em forma de reprovação, mas afetuosamente e sem qualquer rancor em tua alma; não como se tu estivesses a ensiná-lo, nem que qualquer espectador possa admirar, mas quer quando ele está sozinho, e se outros estiverem presentes...

Lembre-se dessas nove regras, como se as tivesse recebido como um presente das Musas, e comece finalmente a ser um homem enquanto viveres. Mas tu deves igualmente evitar lisonjear os homens e ser criticado por eles, pois ambos são antissociais e conduzem ao mal. E que esta verdade esteja presente para ti na excitação da raiva, que ser movido pela paixão não é viril, mas aquela brandura e gentileza, como são mais agradáveis à natureza humana, assim também são mais viris; quem possui essas qualidades possui força, nervos e coragem, e não o homem que está sujeito a acessos de paixão e descontentamento. Pois no mesmo grau em que a mente de um homem está mais perto da liberdade de toda paixão, no mesmo grau também está mais perto da força, e como a sensação de dor é uma característica da fraqueza, o mesmo ocorre com a raiva. Pois o que cede à dor e o que cede à ira, ambos estão feridos e ambos se submetem.

Mas se quiseres, receba também um décimo presente do líder das Musas (Apolo), e é isto: esperar que homens maus não façam o mal é loucura, pois quem espera isso deseja uma impossibilidade. Mas permitir que os homens se comportem assim com os outros, e esperar que eles não te façam nenhum mal, é irracional e tirânico.

Existem quatro aberrações principais da faculdade superior contra as quais tu deves estar constantemente em tua guarda, e quando as tiver detectado, tu deves eliminá-las e dizer em cada ocasião o seguinte; este pensamento não é necessário; isso tende a destruir a união social; isso que vais dizer não vem dos pensamentos reais; pois tu deves considerar uma das coisas mais absurdas para um homem não falar de seus verdadeiros pensamentos. Mas a quarta é quando tu deverás reprovar a ti mesmo por qualquer coisa, pois isso é uma evidência de que a parte adivinha dentro de ti está sendo dominada e cedendo à parte menos honrada e perecível, o corpo e seus prazeres grosseiros.

Tua parte aérea e todas as partes ígneas que estão mescladas em ti, embora por natureza tenham uma tendência ascendente, ainda em obediência à disposição do universo, são dominadas aqui na massa composta (o corpo). E também toda a parte terrestre em ti e aguado, embora a sua tendência é para baixo, ainda são ressuscitados e ocupar uma posição que não é a sua natural. Desta forma, em seguida, as peças elementares obedecem ao universal, para quando eles foram corrigidos em qualquer lugar forçosamente eles permanecem lá até que novamente o universal deve soar o sinal para dissolução. Não é então estranho que a tua parte inteligente só deve ser desobediente e descontente com o seu próprio lugar?

E, no entanto, nenhuma força é imposta a ele, mas apenas aquelas coisas que são conformes à sua natureza; ainda assim, ele não se submete, mas é levado na direção oposta. Pois o movimento em direção à injustiça e intemperança e à raiva e tristeza e medo nada mais é do que o ato de alguém que se desvia da natureza. E também quando o corpo docente governante está descontente com qualquer coisa que aconteça, então também ele deserta seu posto; pois é constituído para a piedade e a reverência para com os deuses, não menos do que para a justiça. Pois essas qualidades também são compreendidas sob o termo genérico de contentamento com a constituição das coisas e, de fato, são anteriores aos atos de justiça.

Aquele que não tem um e sempre o mesmo objetivo na vida, não pode ser um e o mesmo durante toda a sua vida. Mas o que eu disse não é suficiente, a menos que isso também seja adicionado, o que esse objeto deveria ser.

Pois como não há a mesma opinião sobre todas as coisas que de uma forma ou de outra são consideradas boas pela maioria, mas apenas sobre algumas coisas, isto é, coisas que dizem respeito ao interesse comum; assim também devemos propor a nós mesmos um objeto que seja de um tipo comum (social) e político. Pois aquele que dirige todos os seus esforços para este objetivo, fará todos os seus atos iguais e, portanto, será sempre o mesmo.

Pense no rato do campo e no rato da cidade e no alarme e apreensão do rato da cidade.

Sócrates costumava chamar as opiniões de muitos pelo nome de *Lamiae,* um monstro que assusta crianças.

Os lacedemônios em seus espetáculos públicos costumavam colocar assentos na sombra para estranhos, mas eles próprios se sentavam em qualquer lugar.

Sócrates desculpou-se com Pérdicas por não ir a ele, dizendo: é porque eu não morreria pelo pior de todos os fins, isto é, não receberia um favor e então não seria capaz de retribuir.

Nos escritos dos Efésios havia esse preceito, pensar constantemente em algum dos homens de outros tempos que praticavam a virtude.

Os pitagóricos nos convidam pela manhã a olhar para os céus

para que possamos ser lembrados daqueles corpos que continuamente fazem as mesmas coisas e da mesma maneira realizam seu trabalho, e também sejam lembrados de sua pureza e nudez. Pois não há véu sobre uma estrela.

Considere como Sócrates era um homem quando se vestiu com uma pele, depois que Xantipa pegou sua capa e saiu, e o que Sócrates disse a seus amigos que tinham vergonha dele e se afastaram dele quando o viram vestido assim.

Nem por escrito nem lendo serás capaz de estabelecer regras para os outros antes de teres primeiro aprendido a obedecer a ti mesmo. Muito mais é assim na vida.

Escravo tu és: a liberdade de expressão não é para ti. E meu coração riu por dentro.

E a virtude eles amaldiçoarão, falando palavras duras. Procurar o figo no inverno é um ato de louco, tal é aquele que procura seu filho quando não é mais permitido.

Quando um homem beija seu filho, disse Epicteto, ele deve sussurrar para si mesmo: "Amanhã talvez tu morras". Mas essas são palavras de mau presságio. "Nenhuma palavra é uma palavra de mau presságio", disse Epicteto, "que expressa qualquer trabalho da natureza; ou se é assim, também é uma palavra de mau presságio falar das espigas sendo colhidas".

A uva verde, o cacho maduro, a uva seca, tudo muda, não em nada, mas em algo que ainda não existe.

Nenhum homem pode nos roubar nosso livre arbítrio. Epicteto também disse: Um homem deve descobrir uma arte (ou regras) com relação a dar seu consentimento; com respeito a seus movimentos, ele deve cuidar para que sejam feitos levando em consideração as circunstâncias, que sejam consistentes com os interesses sociais, que levem em consideração o valor do objeto; quanto ao desejo sensual, ele deve se manter totalmente afastado dele; quanto à evitação (aversão), ele não deve mostrar isso com respeito a qualquer das coisas que não estão em nosso poder.

A disputa então, disse ele, não é sobre um assunto comum, mas sobre ser louco ou não.

Sócrates costumava dizer: O que tu queres? Almas de homens racionais ou irracionais? Almas de homens racionais. De que homens racionais? Som ou doentios? Som. Por que então tu não os procura? Porque nós os temos. Por que então tu brigas e brigas?

LIVRO XII

Todas aquelas coisas às quais desejas chegar por uma estrada tortuosa, podes ter agora, se não as recusar a si mesmo. E isso significa que se não deres atenção a todo o passado, e confiares o futuro à providência, e dirigires o presente apenas conforme a piedade e justiça. Em conformidade com a piedade, para que te contentes com a sorte que te é atribuída, pois a natureza a designou para ti e para ela. Em conformidade com a justiça, para que possas sempre falar a verdade livremente e sem disfarce, e fazer as coisas que são agradáveis à lei e de acordo com o valor de cada um. E não permitas que a maldade de outro homem te impeça, nem opinião, nem voz, nem ainda as sensações da pobre carne que cresceu ao teu redor; pois a parte passiva cuidará disso. Se então, seja qual for o tempo em que estiveres perto de tua partida, negligenciando tudo o mais, deves respeitar apenas a tua faculdade governante e a divindade dentro de ti, e se não tiveres medo porque deves algum tempo deixar de viver, mas se temer nunca ter começado a viver de acordo com a natureza, então serás um homem digno do universo que o produziu, e deixarás de ser um estranho em sua terra natal, e de se maravilhar com as coisas que acontecem diariamente como se fossem algo inesperado e depender disso ou daquilo.

Deus vê as mentes (princípios regentes) de todos os homens desnudados de vestimentas materiais, casca e impurezas. Pois apenas com sua parte intelectual ele toca a inteligência apenas que fluiu e foi derivada de si mesmo para esses corpos. E se tu também te usares para fazer isso, tu te livrarás de teus muitos problemas. Pois aquele que não se preocupa com a pobre carne que o envolve, certamente não se preocupará em cuidar de roupas e morada e fama e coisas assim como aparências e ostentação.

As coisas são três das quais tu és composto, um pequeno corpo, um pouco de fôlego (vida) e inteligência. Destes, os dois primeiros são teus, na medida em que é teu dever cuidar deles; mas o terceiro sozinho é propriamente teu. Portanto, se tu se separar de ti mesmo, isto é, do seu entendimento, tudo o que os outros fazem ou dizem, e tudo o que tu fizeste ou disseste a si mesmo, e todas as coisas futuras te perturbam porque podem acontecer, e tudo o que no corpo que te envolve ou na respiração (vida), que é por natureza associada ao corpo, está ligada a ti independente de tua vontade, e seja o que for que o vórtice circunfluente externo gire em volta, de modo que o poder intelectual isento das coisas do destino possa viver puro e livre por si mesma, fazendo o que é justo e aceitando o que acontece e dizendo a verdade; se tu queres separar, eu digo, desta faculdade regente as coisas que estão ligadas a ela pelas impressões dos sentidos, e as coisas do tempo por vir e de tempo que já passou, e te farás como a esfera de Empédocles, todo redondo e em seu alegre descanso repousando; se tu se esforçar para viver apenas o que é realmente a tua vida, isto é, o presente —, então serás capaz de passar aquela parte da vida que permanece para ti até o momento de sua morte, livre de perturbações, nobremente e obediente ao teu próprio *daemon* (ao deus que está dentro de ti).

Muitas vezes me perguntei como é que todo homem se ama mais do que todos os outros homens, mas dá menos valor à sua opinião sobre si mesmo do que a dos outros. Se, em seguida, um deus ou um professor sábio deve apresentar-se a um homem e lance-o a pensar em nada e para projetar nada que ele não iria expressar assim que ele concebeu, ele não podia suportá-lo, mesmo para um único dia. Tanto mais respeito temos nós de que os nossos vizinhos devem pensar de nós do que para o que havemos de pensar em nós mesmos.

Como pode ser que os deuses, depois de haver organizado todas as coisas bem e benevolentemente para a humanidade, tenham negligenciado isso sozinho, que alguns homens e homens muito bons, e homens que, como podemos dizer, tiveram mais comunhão com a divindade, e através atos piedosos e observâncias religiosas foram os mais íntimos com a divindade, quando uma vez morreram nunca deveriam existir novamente, mas deveriam ser completamente extintos?

Mas, se for assim, tenha certeza de que, se tivesse que ser de outra forma, os deuses o teriam feito. Pois se fosse justo, também seria possível; se fosse de acordo com a natureza, a natureza teria assim. Mas porque não é assim, se de fato não é assim, esteja convencido de que não deveria ter sido assim, pois tu vês mesmo por ti mesmo que nesta investigação tu estás disputando com a divindade; não deveríamos assim disputar com os deuses, a menos que eles fossem os mais excelentes e os mais justos, mas se assim fosse, eles não teriam permitido que nada no ordenamento do universo fosse negligenciado injustamente e irracionalmente.

Pratique a si mesmo até nas coisas que tu mais anseias em realizar. Pois mesmo a mão esquerda, que é ineficaz para todas as outras coisas por falta de prática, segura o freio com mais vigor do que a mão direita; pois tem praticado isso.

Considere em que condição, tanto de corpo como de alma, um homem deve estar quando for vencido pela morte; considere a brevidade da vida, o abismo sem limites do tempo passado e futuro, a fragilidade de toda a matéria.

Contempla os princípios formativos (formas) das coisas nuas de seus invólucros; os objetivos das ações; considere o que é a dor, o que é o prazer, a morte e a fama; que é para si mesmo a causa de sua inquietação; como nenhum homem é impedido por outro; que tudo é opinião.

Na aplicação dos teus princípios, deves ser como o lutador, não como o gladiador; pois o gladiador deixa cair a espada que usa e morre; mas o outro sempre tem sua mão e não precisa fazer mais nada além de usá-la.

Veja o que as coisas são em si mesmas, dividindo-as em matéria, forma e propósito.

Que poder o homem não tem para fazer nada exceto o que Deus aprova, e para aceitar tudo o que Deus pode dar a ele.

Com respeito ao que acontece de acordo com a natureza, não devemos culpar nem os deuses, pois eles não fazem nada de errado, seja voluntária ou involuntariamente, nem os homens, porque eles não fazem nada de errado, exceto involuntariamente. Conseqüentemente, não devemos culpar ninguém.

Como é ridículo e estranho aquele que se surpreende com tudo o que acontece na vida.

Ou há uma necessidade fatal e uma ordem invencível, ou uma Providência gentil, ou uma confusão sem propósito e sem diretor (Livro IV). Se então há uma necessidade invencível, por que resistes? Mas, se há uma Providência que se deixa propiciar, torna-te digno da ajuda da divindade. Mas se houver confusão sem governador, fique contente de que em tal tempestade tu tenhas em si mesmo uma certa inteligência dominante. E mesmo que a tempestade te leve embora, que ela leve embora a pobre carne, o mau hálito, tudo mais; para a inteligência, pelo menos, não levará consigo.

A luz da lâmpada brilha sem perder seu esplendor até que se apague; a verdade que há em ti, a justiça e a temperança, serão extintas antes da tua morte?

Quando um homem aparentar ter feito algo errado, diga: como então posso saber se isso é um ato errado? E mesmo que ele tenha agido errado, como posso saber se ele não se condenou? E então isso é como rasgar seu próprio rosto. Considere que aquele que não deseja que o homem mau faça mal, é como o homem que não deseja que a figueira dê suco nos figos e as crianças chorem e o cavalo relinche, e tudo o mais que seja necessário. Pois o que deve fazer um homem que tem tal caráter? Se então estás irritado, cure a disposição deste homem.

Se não estiver certo, não faça; se não for verdade, não diga. Para que teus esforços sejam em tudo, sempre observe o que é a coisa que produz para ti uma aparência e resolva-a dividindo-a no formal, no material, no propósito e no tempo em que deve terminar.

Perceba finalmente que tens em ti algo melhor e mais divino do que as coisas que causam os vários afetos e, por assim dizer, te puxa pelos fios. O que há agora em minha mente? É medo, ou suspeita, ou desejo, ou qualquer coisa do gênero?

Em primeiro lugar, não faça nada sem consideração, nem sem

um propósito. Em segundo lugar, faça com que seus atos não se refiram a nada mais do que a um fim social.

Considere que em pouco tempo tu não serás ninguém e em lugar nenhum, nem existirá nenhuma das coisas que tu agora vês, nem qualquer um daqueles que estão vivendo agora. Pois todas as coisas são formadas pela natureza para mudar e se transformar e perecer a fim de que outras coisas em contínua sucessão possam existir.

Considere que tudo é opinião, e a opinião está em seu poder. Tire então, quando quiser, a sua opinião, e como um marinheiro, que dobrou o promontório, tu encontrarás calma, tudo estável e uma baía sem ondas.

Qualquer atividade, qualquer que seja, quando cessa em seu devido tempo, não sofre nenhum mal porque cessou; nem aquele que cometeu este ato, sofre algum mal, por isso o ato cessou. Da mesma maneira, então, o todo que consiste em todos os atos, que é a nossa vida, se ela cessa em seu devido tempo, não sofre nenhum mal por isso ter cessado; nem aquele que terminou esta série no tempo adequado, foi maltratado. Mas o tempo adequado e a natureza limite fixam, às vezes como na velhice, a natureza peculiar do homem, mas sempre a natureza universal, pela mudança de cujas partes todo o universo continua sempre jovem e perfeito. E tudo o que é útil para o universal é sempre bom e na temporada. Portanto, o fim da vida para cada homem é nenhum mal, porque também não é vergonhoso, uma vez que é ao mesmo tempo independente da vontade e não oposição ao interesse geral, mas é bom, uma vez que é oportuno e rentável para e congruente com a universal. Porque assim também ele é movido pela divindade que é movido da mesma maneira com a divindade e se moveu em direção as mesmas coisas em sua mente.

Estes três princípios tu deves ter em prontidão. Nas coisas que tu fazes, nada fazes sem consideração ou de outra forma, senão como a própria justiça agiria; mas com respeito ao que pode acontecer a ti de fora, considere que isso acontece por acaso ou de acordoà Providência, e não deves culpar o acaso nem acusar a Providência.

Em segundo lugar, considere o que cada ser é, desde a semente até o momento em que recebe uma alma, e desde a recepção de uma alma até sua devolução, e de quais coisas cada ser é composto e em que coisas é resolvido. Terceiro, se tu, de repente, se elevasse acima da terra, e olhasse para baixo para as coisas humanas, e observasse a variedade delas como é grande, e ao mesmo tempo também devesse ver de relance quão grande é o número de seres que habitam o ar e o éter, considerem que tão freqüentemente quanto deves ser levantado, verias as mesmas coisas, semelhança de forma e brevidade de duração. Essas coisas são para se orgulhar?

Jogue fora a opinião: tu estás salvo. Quem então te impede de rejeitá-lo?

Quando tu estás preocupado com alguma coisa, tu te esqueces disso, que todas as coisas acontecem de acordo com a natureza universal; esquecido disto, que o ato injusto de um homem não é nada para ti; além disso tu te esqueceste disto, que tudo o que acontece, sempre aconteceu e acontecerá assim, e agora acontece em todos os lugares; esquecido isso também, quão próximo é o parentesco entre um homem e toda a raça humana, pois é uma comunidade, não de um pouco de sangue ou semente, mas de inteligência.

E tu também te esqueceste, que a inteligência de todo homem é um deus e um efluxo da divindade; se esqueceu disso, que nada é próprio do homem, mas que seu filho e seu corpo e sua própria alma vieram da divindade; esquecido disso, que tudo é opinião; e, por fim, te esqueceste de que todo homem vive apenas o tempo presente e só perde isso.

Traga constantemente à tua memória aqueles que muito reclamaram de qualquer coisa, aqueles que foram mais conspícuos pela maior fama ou infortúnios ou inimizades ou fortunas de qualquer tipo, então pense onde estão todos eles agora? Fumaça e cinzas e um conto, ou nem mesmo um conto.

E que esteja presente em sua mente também tudo desse tipo, como Fábio Catulino viveu no campo, e Lúcio Lúpus em seus jardins, e Stertinius em Baiae, e Tibério em Capreae e Velius Rufus (ou Rufus em Vélia); e, enfim, pense na busca ansiosa de qualquer coisa associada ao orgulho; quão sem valor tudo é após o qual os homens se esforçam violentamente; como é muito mais filosófico para um homem viver nas oportunidades apresentadas a ele.

SOBRE O AUTOR

César Marco Aurélio Antonino nasceu em Roma, Itália, em abril do ano 121. Sua família tinha grande prestigio: seu avô era cônsul e prefeito de Roma e sua avó materna era herdeira de uma grande fortuna, fazendo com que ele convivesse com a riqueza e recebesse uma educação impecável e humanística de mestres gregos.

Marco Aurélio foi imperador romano entre os anos de 161 e 180, o quarto imperador da dinastia dos Antoninos. Ficou conhecido como imperador-filósofo, pois cultivava ideias de justiça e bondade.

Durante seu reinado, Marco Aurélio se dedicou ao estudo e à reflexão e escreveu diversos pensamentos, em grego. Seus escritos eram registrados em forma de um diário, conhecido como "Meditações". Meditações é reverenciado como um monumento literário. O livro era um dos favoritos de Cristina da Suécia, Frederico, o Grande, John Stuart Mill, Matthew Arnold e Goethe, e é admirado por figuras modernas como Wen Jiabaoe e Bill Clinton.

Marco Aurélio faleceu aos 58 anos em Vindobona (atual Viena), provavelmente em 17 de março de 180. Seu filho "Cómodo" foi o seu sucessor.

QR Code para comprar

facebook.com/EdPeDaLetra/

instagram.com/editorapedaletra/

www.editorapedaletra.com.br

PÉ da letra